Natürlich essen -
natürlich schön!

Natürlich essen -
natürlich schön!

Köstliche Rezepte, die dich zum Strahlen bringen

MADELEINE SHAW

Inhalt

Vorwort

Dieses Buch habe ich für Sie geschrieben. Ich stelle Ihnen darin alles vor, was ich gern esse, und teile alles mit Ihnen, was ich über Ernährung lernen und erfahren durfte. Ich möchte Ihnen zeigen, dass der Weg zu Schönheit und Gesundheit, Fitness und Wohlbefinden über den Teller führt. Essen Sie sich schön!

Meine Geschichte

Es ist noch nicht lange her, dass ich jeden Morgen mit vernebeltem Kopf aufwachte, als wäre ich verkatert. Ich kniff in meinen Hüftspeck, starrte meine trüben Augen im Spiegel an und stöhnte entnervt. Ich litt am Reizdarmsyndrom, hatte ständig einen Blähbauch, fühlte mich müde und unbehaglich. Meine Haut war fahl, mein Haar glanzlos, und mein Kopf oft genug wirr.

Wie konnte es so weit kommen? Die Welt konnte ich nicht beeinflussen, also konzentrierte ich mich auf den einen Aspekt, der meiner Macht unterlag ... Essen. Indem ich diesen Bereich meines Lebens kontrollierte, konnte ich all die anderen unkontrollierbaren Dinge einfach ausblenden. Schließlich dachte ich rund um die Uhr ans Essen. Ich zählte ständig Kalorien. Ich war angespannt, wenn ich zum Essen eingeladen war, und aß nie etwas, das mich womöglich dick machen konnte. Ich fühlte mich schwach und immer etwas abwesend. Dann wieder hatte ich Heißhungerattacken, denen ich hemmungslos nachgab – und danach machte ich mir schwere Vorwürfe, weil ich vom »Plan« abgewichen war.

Ich dachte, es würde mich glücklicher machen, dünner zu sein und mein Leben »unter Kontrolle« zu haben. Aber das stimmte nicht. Nach meinem Schulabschluss machte ich mich daher auf eine Reise. Schon mit sieben Jahren hatte ich eine Schwäche für die Australier (was vielleicht an Crocodile Dundee lag) und mit 18 beschloss ich, eine Weile in diesem Paradies zu verbringen. Vom ersten Moment an fühlte ich mich dort zu Hause. Das war ein merkwürdiges Erlebnis. Ich kam zur Ruhe und wusste schon damals tief in meinem Inneren, dass ich hier leben wollte, und dass ich hier auch mein wahres Wesen entdecken würde.

Impulsiv wie ich nun einmal bin, bewarb ich mich an der Universität von Sydney und bekam bald darauf einen Studienplatz. Also reiste ich zurück nach London, packte meine Sachen und stieg wieder ins Flugzeug. Es war ein gewagter Schritt, und viele Freunde hielten mich für verrückt. Ja, ich ging weit weg von Zuhause. Aber während der 22 Flugstunden wiederholte ich immer wieder einen Satz aus *Der Alchimist* von Paulo Coelho:

»Weil dort, wo [das Herz] weilt, auch dein Schatz liegen wird.«

Auf mich traf das uneingeschränkt zu.

Ich hatte das Glück, einen Job in einem Bio-Café in Bondi zu finden, wo ich förmlich aufblühte. Noch nie hatte ich einen Job, der sich so wenig wie Arbeit anfühlte. Alles lief mühelos, und – so seltsam es klingen mag – ich hatte das Gefühl, dorthin zu gehören. Ich erfuhr viel über den Einfluss der Ernährung auf Gesundheit, Stimmung und allgemeines Wohlbefinden, und ich erkannte, dass es meinem Körper lange an vollwertigem Essen, Nahrung und Liebe gemangelt hatte. In diesem Café traf ich auch viele großartige Leute. Von ihnen lernte ich, wie man Speisen richtig vor- und zubereitet und wo es gute Zutaten gibt.

Der Umzug nach Sydney rüttelte mich endgültig wach. Ich wollte endlich vernünftig für meinen Körper sorgen. Ich hatte Lust, früh aus dem Bett zu springen, den Sonnenaufgang zu erleben oder im Meer zu paddeln. Durch gesunde Ernährung erlebte ich das Leben ganz neu. Mein Reizdarmsyndrom verschwand, und zum ersten Mal fühlte ich mich wohl. Ich beschäftigte mich mit Ernährungswissenschaft, begann meinen Blog zu schreiben und zog wieder nach London, um mein Wissen mit anderen zu teilen.

Seit 2012 biete ich Kurse und Workshops an, um anderen Menschen dabei zu helfen, sich von einseitigen Diäten zu verabschieden und ganzheitlich gesünder zu essen und zu leben. Was ich in Australien gelernt habe, hat mich grundlegend verändert, und genau darum möchte ich meine Erfahrungen gerne weitergeben. Mit diesem Buch können Sie in sechs Wochen lernen, Ihren Körper optimal zu versorgen, sodass Sie nicht nur äußerlich strahlen werden, sondern auch innerlich.

Diese Tipps werden Ihnen über die nächsten sechs Wochen helfen:

· **Vorbereiten**: Überlegen Sie genau, was Sie zubereiten wollen. Erledigen Sie die Planung und den Einkauf am Wochenende.
· **Verbünden**: Gemeinsam mit anderen ist es einfacher, Lebens- und Ernährungsgewohnheiten umzustellen. Das ist erwiesen.
· **Anfeuern**: Schreiben Sie Zettel mit motivierenden Sätzen oder Zitaten, die Sie hier und dort in der Wohnung verteilen. (Auf Instagram unter @madeleine_shaw finden Sie meine inspirierenden Sätze auf Englisch.)
· **Bekannt machen**: Twittern Sie, posten Sie auf Facebook, erzählen Sie es Freunden. Niemand mag sich eine Blöße geben, wenn die Welt zuschaut.
· **Umdenken**: Trauern Sie nicht dem hinterher, was Sie aufgeben. Konzentrieren Sie sich lieber auf die spannenden neuen Dinge, die Ihren Teller füllen werden. Es wird Ihnen schmecken – versprochen!

Ich hoffe, Sie haben Freude an diesem Buch und ich kann Sie im Laufe der sechs Wochen überzeugen, dass gesunde Ernährung eine Lebenseinstellung ist und keine »Diät« oder »Phase«, die nach einem Monat vorüber ist. Vor allem wünsche ich mir, dass dieses Buch Ihnen hilft, die Liebe zum Leben und zu Ihrem Körper wieder zu entdecken.

Madeleine

Das Sechs-Wochen-Programm

SCHLUSS *mit* JUNK

Woche eins

Unsere Haut verrät viel über unsere Ernährung. In der ersten Woche lassen wir Junkfood weg, und sie wird strahlen.

Man ist, was man isst

Fühlen Sie sich manchmal leicht vernebelt im Kopf? Haben Sie fahle, blasse Haut und meistens (ehrlich, bitte!) ein schlechtes Gewissen? Können Sie nach einem Keks wirklich aufhören? Wenn Sie nur eine der Fragen mit »Ja« beantworten, sollten Sie sich vom Zucker verabschieden.

Zucker muss nicht sein

»Alles in Maßen«, nicht wahr? »Ab und zu ein bisschen schadet nicht.« So rechtfertigen wir unseren Zuckerkonsum. Aber so einfach ist das leider nicht.

Früher war Zucker rar und teuer. Als der Handel mit den Ländern, die Zucker produzieren, zunahm, wurde er immer billiger, und heute essen wir mehr Zucker als jemals zuvor.

Der durchschnittliche Mitteleuropäer nimmt pro Woche etwa 700 Gramm Zucker zu sich, das sind 140 Teelöffel. Aber was bewirkt der Zucker in unserem Körper, und warum sollten wir ihn besser weglassen?

- **Er bringt uns aus dem Takt:** Eine hohe Zuckerzufuhr bringt wichtige Hormone durcheinander, vor allem das Insulin, das für die Energiespeicher zuständig ist.
- **Er macht dick:** Wenn der Blutzuckerspiegel hoch ist, wird ein Teil des Zuckers zur Energiegewinnung genutzt. Der Rest wird in Fettreserven angelegt.
- **Er überdeckt den Geschmack anderer Zutaten:** Zucker übertrumpft andere Aromen, sodass man sie kaum noch wahrnimmt. Lässt man ihn weg, kann man alles wieder richtig schmecken.
- **Er beeinflusst den Mineral- und Nährstoffhaushalt,** außerdem begünstigt er Völlegefühl, Blähungen und Darmträgheit.
- **Er ist überflüssig:** Die meisten zuckerhaltigen Lebensmittel enthalten keine

wichtigen Nährstoffe, man nimmt mit ihnen also »leere« Kalorien zu sich.

· **Er ist ungesund:** Studien aus vielen Ländern beweisen, dass eine zuckerreiche Ernährung Übergewicht, Diabetes und Krebserkrankungen begünstigt.

Wissenschaft im Klartext

Der glykämische Index (GI) gibt das Tempo an, in dem Zucker vom Körper gespalten und in die Blutbahn aufgenommen wird. Zuckerstoffe aus Lebensmitteln mit niedrigen GI werden langsam aufgenommen, also steigt der Blutzuckerspiegel langsam an. Zuckerstoffe aus Lebensmitteln mit hohem GI hingegen werden schnell aufgenommen und verursachen einen raschen Anstieg des Blutzuckerspiegels. Wenn Zucker in die Blutbahn gelangt, schüttet die Bauchspeicheldrüse Insulin aus. Das Insulin baut Zucker im Blut ab und speichert ihn in den Zellen.

Das zweite Hormon, das am Energiehaushalt beteiligt ist, heißt Leptin. Es informiert das Gehirn darüber, wie viel Energie im Körper zur Verfügung steht und was damit getan werden kann. Das Belohnungszentrum unseres Gehirns, das alles Angenehme steuert, produziert einen Stoff namens Dopamin. Dieser ist am Energie-Gleichgewicht beteiligt.

Wenn wir essen, sorgt er für Gefühle wie Zufriedenheit und Belohnung. Das Hormon Leptin andererseits steuert das Sättigungsgefühl und wirkt damit dem Dopamin entgegen – wir hören auf zu essen.

Wenn Energieaufnahme und -abgabe im Gleichgewicht sind, verbrennen wir Energie in normalem Maß und fühlen uns richtig gut. Nehmen wir jedoch Zucker zu uns, muss schnell Insulin ausgeschüttet werden, um ihn zu spalten. So eine Insulinspitze kann das Leptin in seiner Wirkung blockieren. Es wird kein Sättigungssignal an das Gehirn gesandt und wir haben Appetit auf mehr Zucker.

Wenn wir dann mehr zuckerhaltige Lebensmittel essen, kann das Belohnungszentrum so beeinträchtigt werden, dass der Appetit weiter ansteigt und wir immer mehr Lust auf immer mehr Zucker bekommen. Das kommt einer Sucht nahe.

Versteckter Zucker

Ein Problem unserer Zeit ist, dass Zucker ÜBERALL versteckt ist, nicht nur in Eis, Plätzchen und Kuchen. Viele Lebensmittel, die von der Werbung als »gesund« angepriesen werden, sind fettarm und schmecken darum fade – was durch den Zusatz von Zucker ausgeglichen wird. Man glaubt also, etwas Gutes zu kaufen, aber tatsächlich können diese Produkte den Heißhunger auf Süßes noch steigern.

Verborgener Zucker steckt beispielsweise in folgenden Lebensmitteln:

· Erfrischungsgetränken, vor allem »Sport-Drinks« (in 500 ml solcher Getränke können bis zu 17 Zuckerwürfel stecken)
· fettreduzierten Lebensmitteln und Diätprodukten
· vielen Broten und Brotprodukten (Roggen- und Sauerteigbrot enthalten weniger Zucker, und mein Quinoa-Brot auf Seite 96 ist zuckerfrei)
· den meisten Fertigsuppen
· fast allen industriell zubereiteten Lebensmitteln
· vielen Frühstückszerealien (probieren Sie stattdessen meinen Buchweizen-Porridge mit Beeren oder mein Bircher-Müsli auf Seite 80 und Seite 70)
· Würzzutaten wie Senf, Barbecue-sauce, Ketchup und Chutneys

Und was ist mit Obst?

Obst enthält Zucker, der sich auf den Stoffwechsel aber ganz anders auswirkt als weißer Raffinadezucker. Es enthält außerdem Ballaststoffe (verlangsamen die Zuckerverdauung), Phytonährstoffe (verbessern die Stoffwechselfunktion) und jede Menge Vitamine. Außerdem sättigen sie gut. Am besten nehmen Sie pro Tag nicht mehr als zwei Portionen Obst zu sich. Dabei sollten Sie zuckerarme Sorten wie Beeren, Kiwi, Grapefruit und grüne Äpfel bevorzugen. Zuckerreiche Früchte wie Mango, Ananas, Bananen und Trockenfrüchte können Sie sich ein paarmal pro Woche gönnen.

Was nützt es mir?

Nachdem Sie nun wissen, warum Sie auf Zucker besser verzichten sollten und wo er sich versteckt, sollen Sie erfahren, was Sie davon haben.

· **Ihre Haut wird strahlen.** Zucker reagiert mit den Proteinen im Körper. Dabei entstehen komplexe Verbindungen, die die Hautalterung beschleunigen. Zucker beschleunigt den Collagenabbau in der Haut. Wer ihn weglässt, kann sich über gesunde, frische Haut freuen.
· **Essgelüste nehmen ab.** Denken Sie ständig ans Essen? Dieser Dauerappetit wird durch Zucker erzeugt. Ohne Zucker verschwindet er.
· **Sie nehmen ab.** Wenn ein paar Pfund purzeln, können Sie stolz auf Ihre schlankere Figur sein.
· **Sie sind ausgeglichener.** Immer wieder berichten mir Klienten, dass mit dem Weglassen von Zucker Nervosität, Stimmungsschwankungen und Reizbarkeit verschwunden sind.
· **Sie werden lernen, Ihre Küche zu lieben.** Zucker zu streichen bedeutet,

industriell verarbeitete Lebensmittel wegzulassen. Selbst zu kochen ist ein einfacher Weg, sich lecker und nährstoffreich zu ernähren.

Die Umstellung

Der Verzicht auf Zucker ist schwer, weil wir ihn so gern mögen. Wenn etwas schief läuft, greifen wir allzu gern zu Süßem, und wenn Geburtstage anstehen, gehört Kuchen irgendwie dazu. Diese Klippe lässt sich am einfachsten umschiffen, indem man ihn durch etwas anderes Schönes ersetzt: eine meiner Superfood-Kugeln (siehe Seite 102) oder auch einen Kräutertee. Lackieren Sie sich die Nägel, gehen Sie spazieren, verwöhnen Sie sich. Wenn Sie Ihre Gewohnheiten geändert haben, werden Sie erstaunlich wenig Verlangen nach Zucker spüren.

Ich behaupte nicht, dass es einfach wird. Vielleicht stellen sich sogar Entzugserscheinungen ein – Kopfschmerzen, Reizbarkeit oder Durchhänger. Durchhalten lohnt sich, denn Sie können sich auf viel mehr Energie, strahlende Haut und jede Menge guter Laune freuen.

Los geht's

Die Ernährungsumstellung beginnt. In dieser Woche fällt alles weg, was zugesetzten Zucker enthält. Zum Beispiel:

· weißer Zucker, brauner Zucker, Rohrohrzucker;
· gesüßte Getränke wie Limonade, Cola, Fruchtsäfte mit Zuckerzusatz; stattdessen gibt es Mineralwasser mit einer Scheibe Limette oder Zitrone, Kokoswasser oder Kräutertee;
· Kuchen, Plätzchen, Eis und Süßigkeiten; legen Sie gesunde Snacks bereit: eine Handvoll Nüsse, einen Becher Naturjoghurt, ein gekochtes Ei, eine Scheibe Räucherlachs oder frische Beeren;
· verarbeitete Lebensmittel, die Zucker enthalten;
· fettreduzierte Lebensmittel und Diätprodukte;
· Marmelade und süße Brotaufstriche. Essen Sie stattdessen Avocado oder ein weich gekochtes Ei.

Ich mag das Wort »Nein« nicht, und es tut mir leid, dass ich es so oft benutze. Aber wenn Sie von der Umstellung profitieren wollen, müssen Sie konsequent sein.

Süße Alternativen?

Wir haben verstanden, dass Süßigkeiten uns nicht gut tun. Aber ich mag den süßen Geschmack gern – Sie auch? Zum Glück lässt sich der Appetit auf Süßes auch auf gesunde Weise stillen. Hier folgen einige Tipps zum Austauschen.

Lieber weglassen:

- **Agavendicksaft:** Dieses neue »gesunde« Süßungsmittel liegt im Trend. Es ist aber hochverarbeitet und enthält 80% Fruktose, und viele der Produkte haben mit der ursprünglichen Agavenpflanze nicht viel zu tun. (Bessere Alternative: Honig)
- **Maissirup:** Er ist hochverarbeitet, enthält viel Fruktose und kann Heißhungerattacken begünstigen. (Bessere Alternative: Kokoszucker)
- **Aspartam:** In Diät-Getränken, Süßigkeiten und Kaugummi enthalten, kann gesundheitsschädlich sein. (Bessere Alternative: Stevia)
- Lassen Sie auch **synthetische Süßungsmittel, Dextrose, Glycerol, Fruchtsaftkonzentrate, Sorbit, Sucanat, Traubensirup** und natürlich **weißen Raffinadezucker** weg.

Guter Ersatz

- **Honig:** Die gesunde Süße verwende ich für viele Desserts. Er ist reich an Antioxidantien, Vitaminen und Mineralien, und er stärkt die Gesundheit des Verdauungstrakts. Kaufen Sie hochwertigen Honig oder Manuka-Honig.
- **Stevia:** Das supersüße Kraut stammt aus Südamerika. Dosieren Sie es sparsam, denn es ist 300-mal süßer als Zucker.
- **Kokoszucker:** Eine gute und nachhaltige Alternative zu raffiniertem Zucker in Gebäck. Er schmeckt nicht nach Kokosnuss, sondern eher nach Karamell, und ist reich an Vitaminen und Aminosäuren.
- **Datteln:** Sie sind reich an Ballaststoffen und B-Vitaminen. In ungekochten Desserts verwende ich sie gern als Bindemittel.
- In Maßen können Sie **Xylit, braunen Reissirup** und **Ahornsirup** verwenden.

Auch wenn diese hier genannten Alternativen gesünder sind, sollten Sie maßvoll mit ihnen umgehen. Es ist einfacher, den Gaumen umzugewöhnen, wenn man generell den Verzehr von Süßem reduziert. Ein- oder zweimal in der Woche genügt!

Tipps für die Umstellung

- Bereiten Sie Ihre Mahlzeiten selbst zu.
- Räumen Sie den Vorratsschrank auf. Lesen Sie die Zutatenlisten, und sortieren Sie alles aus, was Zucker enthält. Was man nicht im Haus hat, kann man in einem schwachen Moment nicht essen.
- Bewegen Sie sich! Sport hilft – nicht nur, weil er vom Essen ablenkt.
- Probieren Sie Süßholz- und Pfefferminztee. Er schmeckt toll und fördert die Verdauung.

· Würzen Sie das Frühstück mit Zimt. Er stabilisiert den Blutzuckerspiegel und verhindert Insulinspitzen.

· Trinken Sie gleich nach dem Aufwachen ein Glas warmes Wasser mit Zitrone. Es wirkt reinigend, versorgt die Zellen mit Wasser und bereitet die Verdauung auf das zuckerfreie Frühstück vor.

· Essen Sie mehr Proteine. Sie helfen gegen die Lust auf Süßes. Gute Quellen sind Fisch, Fleisch von Weidevieh, Freiland- oder Bio-Eier, Nüsse, Samen und Quinoa.

· Denken Sie positiv. Sie schaffen es! (Mehr dazu in Woche 3.)

Nun sind Sie gut vorbereitet und können den Zucker vom Speiseplan streichen. Um Ihnen dabei zu helfen, habe ich einige Fragen zusammengestellt, die bei der Umstellung auftauchen könnten.

F & A

F: Was passiert, wenn ich »sündige«?

A: Nur kein schlechtes Gewissen. Eine Süßigkeit schadet nicht, aber lassen Sie es nicht einreißen. Am besten, Sie fangen mit der nächsten Mahlzeit neu an.

F: Ich habe üble Kopfschmerzen. Was kann ich tun?

A: Wer viel Zucker zu sich genommen hat, kann Entzugserscheinungen bekommen. Der Körper entgiftet, und es kann einige Tage dauern, bis sich der Organismus wieder normalisiert hat. Trinken Sie viel Wasser. Ich mische zwei Teelöffel Apfelessig mit warmem Wasser. Das ist ein altes Rezept, aber es hilft. Denken Sie daran: Es dauert ein Weilchen, Schäden zu reparieren. Es geht nicht um Schnelligkeit, sondern um eine dauerhafte Umstellung.

F: Mein Lieblingsmüsli enthält Zucker. Was kann ich stattdessen essen?

A: Die meisten Frühstücksprodukte enthalten Zucker. Nehmen Sie einfache Haferflocken mit Joghurt, Zimt und Nüssen. Probieren Sie Roggenbrot oder mein Quinoa-Brot (siehe Seite 96) mit reinem Nussmus, Räucherlachs oder Ei. Vielleicht mögen Sie auch Naturjoghurt mit Körnern, Beeren und gerösteten Kokosflocken. Im Rezeptteil dieses Buchs finden Sie eine Menge leckerer Vorschläge.

F: Wie sieht es mit Alkohol aus?
A: Zu viel Alkohol ist schädlich. Er enthält Giftstoffe, die den Körper belasten, und die Leber muss auf Hochtouren arbeiten, um sie abzubauen. Zu viel Alkohol trocknet die Haut aus und sorgt für schlechte Laune ... mindestens am nächsten Tag. Außerdem hat Alkohol Auswirkungen auf das Essverhalten. Er weckt Heißhunger und sorgt dafür, dass man alle guten Vorsätze über Bord wirft.

Verzichten Sie während des sechswöchigen Programms ganz, um dem Körper eine Pause zu gönnen. Ist das nicht möglich, halten Sie sich an »saubere« Drinks wie Rotwein, Tequila oder mixen Sie mit viel Sodawasser. Beschränken Sie sich auf drei Drinks pro Woche, und trinken Sie sie langsam. Cocktails, Bier, Tonic Water (hoher Zuckergehalt) und Mischungen mit Erfrischungsgetränken (auch solchen, auf denen »Diät« oder »zucker-

frei« steht) sollten Sie meiden wie die Pest.

Wenn Sie bei geselligen Anlässen immer ein Glas in der Hand haben – beispielsweise Mineralwasser mit Limette – erwecken Sie den Eindruck, gut versorgt zu sein. Stehen Sie aber mit leeren Händen da, wird man Ihnen pausenlos etwas anbieten.

F: Und wenn ich einen Kater habe?
A: Ich weiß, Alkohol ist ein Teil unserer Kultur. Wenn Sie tiefer ins Glas geschaut haben, braucht Ihr Körper Erholung.

- **Schritt 1:** Flüssigkeit. Trinken Sie mindestens 3 Liter Mineralwasser, und geben Sie eine Prise Meersalz dazu, um den Mineralstoffverlust auszugleichen.
- **Schritt 2:** Eine Flasche Kokoswasser und eine Banane bringen den Elektrolythaushalt wieder ins Lot.
- **Schritt 3:** Essen Sie Gemüse. Ihr Körper braucht verschiedene Nährstoffe, um den Schaden zu beheben. Genießen Sie zum Frühstück meine Spiegeleier mit Bacon und gebackenen Tomaten oder den grünen Frühstücks-Smoothie (siehe Seite 90 und Seite 98).

FETT:

Freund

ODER FEIND?

Woche zwei

Der Zucker wäre geschafft. Weiter geht es im Schönheitsprogramm.

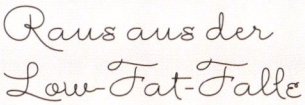

Raus aus der Low-Fat-Falle

Jetzt nehmen wir den Mythos vom fett-armen Essen unter die Lupe. Bevor Sie aus Angst vor Fetten die Flucht ergrei-fen, lesen Sie erst einmal weiter. Eine traditionelle Diätweisheit lautet, dass Fett fett macht. Aber fettarme Produkte sind reich an Zucker. Fett ist ein wichtiger Ge-schmacksträger und Fettarmes schmeckt fade. Um das auszugleichen, geben die Hersteller mehr Zucker an ihre Produkte. Und der Zucker weckt wiederum Appetit auf mehr – somit kauft man auch mehr (clevere Verkaufsstrategie, oder?). Wenn ich meinen Klienten sage, dass ich Voll-milchjoghurt esse, schauen sie mich ent-setzt an. Und Sie fragen sich vielleicht, ob das kein Dickmacher ist. Nein, im Gegen-teil: Vollfette Produkte schmecken besser, darum isst man weniger. Aber sie versor-gen den Körper mit wertvollen Stoffen und beugen der Gier auf Zucker vor.

Lieber vermeiden:	Dafür verwenden:
Diät-Salatdressings	Olivenöl und Essig
Magerjoghurt, fettreduzierte Crème fraîche / saure Sahne	Vollmilch-Naturjo-ghurt, griechischer Joghurt
fettreduzierter Käse	vollfetter Käse
Diät-Riegel oder Snacks	Meine Superfood-Kugeln (siehe Seite 102)

Warum ist Fett so gut für uns?

· Gesunde Fette liefern essenzielle Fettsäuren, die der Körper nicht selbst produzieren kann.
· Gesunde Fette sind hochwertige Energiespender.
· Sie halten die Zellmembranen gesund.
· Sie sorgen für ein gut funktionieren-des Nervensystem.
· Sie stärken das Immunsystem des Körpers.

- Sie sorgen für einen gesunden Hormonhaushalt.
- Als Trägerstoffe ermöglichen sie es dem Körper, die fettlöslichen Vitamine A, D, E und K aufzunehmen.
- Sie werden langsam verdaut, darum fühlt man sich nach einer Mahlzeit länger satt.
- Sie sind einer der wichtigsten Geschmacksträger.

Welche gesunden Fette sollte ich essen?

Gesunde Fette sind ein wichtiger Baustein einer ausgewogenen Ernährung und gehören zu jeder Mahlzeit. Die folgenden sind besonders wertvoll:

- **Kokosöl:** Reich an mittelkettigen Triglyceriden, die vor allem in Energie umgewandelt werden. Hervorragend zum Kochen. Es hat einen hohen Rauchpunkt und denaturiert beim Erhitzen nicht.
- **Olivenöl:** Reich an Antioxidantien, die der Hautalterung vorbeugen, indem sie die Degeneration von Hautzellen verhindern. Ideal für Salate und Ofengemüse.
- **Avocado:** Außergewöhnlich wertvoll. Avocados enthalten viel Biotin, das Haut, Haare und Nägel geschmeidig erhält. Als Zutat für Salate und Smoothies oder morgens mit Eiern.
- **Nüsse:** Reich an Vitamin E, einem Antioxidans, das die Haut jung erhält. Zwischendurch eine Handvoll als Snack oder als Zutat zu Smoothies und Salaten.
- **Samen:** Sie enthalten Zink, das das Collagen schützt und die Hauterneuerung fördert. In Kokosöl mit etwas Zimt rösten und über das Frühstücksmüsli streuen.
- **Fleisch von Weidevieh:** Reich an Omega-3-Fettsäuren, die entzündungshemmend wirken und Hautrötungen lindern.
- **Kaltwasserfisch:** Makrele, Lachs und Sardinen sind reich an Omega-3-Fettsäuren. Lachs enthält außerdem das Karotinoid Astaxanthin, das entzündungshemmend wirkt und die Hautelastizität verbessert.
- **Freiland- oder Bio-Eier:** Rundum gesund! Eier enthalten wertvolle Proteine und fördern die Reparatur von Zellen, die durch freie Radikale infolge von Umweltverschmutzung und schlechter Ernährung geschädigt sind. Pochiert, als Rührei oder Omelette oder untergerührt, und möglichst immer mit Gemüse.
- **Bio-Milchprodukte:** Reich an Vitamin B_2 (Riboflavin), Vitamin B_{12} und B_5. Riboflavin ist wichtig für Zellwachstum und -erneuerung, und es schützt die

Hautzellen vor Schäden durch freie Radikale. Geben Sie Ziegenfrischkäse zum Salat, servieren Sie griechischen Joghurt mit Honig als Dessert oder mit frischer Minze und Olivenöl als Dip.

Milchprodukte: Do's und Dont's

Für manche Menschen ist Milch sehr gesund. Sie enthält B-Vitamine, die Wachstum und Stoffwechsel der Zellen fördern, die Wundheilung verbessern und für schöne Haut sorgen.

Käse kann gut oder schlecht sein. Setzen Sie auf Frischkäse, etwa Ziegenkäse, Feta oder Mozzarella. Meiden Sie Käsezubereitungen und alles, was aussieht, als ob es Farb-, Konservierungs- oder Aromastoffe enthält. Was eine Rinde hat, sollten Sie liegen lassen.

Ein bisschen zerbröselter Ziegenkäse auf dem Salat ist köstlich, aber übertreiben Sie es nicht.

EXTRATIPP: Bestellen Sie im Restaurant anstelle eines süßen Desserts lieber einen Käseteller.

Kaufen Sie Vollmilch in Bio-Qualität von Rindern, Ziegen oder Schafen. Bio-Milch enthält mehr Omega-3-Fettsäuren und Vitamine als andere Milch.

Wenn Sie keine Milchprodukte vertragen, probieren Sie stattdessen Mandelmilch, Reismilch, Hafermilch, Kokosmilch oder Kokosjoghurt.

Warum hat Fett so einen schlechten Ruf?

Das liegt daran, dass oft alle Fette über einen Kamm geschoren werden. Jedoch sind nicht alle Fette gleich schädlich. Gefährlich sind die Transfette. Sie können die Arterien verstopfen, freie Radikale freisetzen, Entzündungen begünstigen und dick machen. Sie sind in vielen verarbeiteten Produkten und Fertiggerichten enthalten, in Diätgerichten, Margarine, Fleischzubereitungen sowie verzehrfertigen Produkten und hydrierten Fetten. Sie verlängern die Haltbarkeit von Produkten, begünstigen aber Übergewicht, Krebs, Herzkrankheiten und Unfruchtbarkeit.

Umdenken

Bei Ihrem neuen Ernährungsprogramm geht es nicht um Verbote, sondern um richtige Entscheidungen. Die Haut verrät, ob Sie gesund sind und sich gut ernähren. Mit den richtigen Zutaten können Sie sich die Haut schön essen. Dies sind die besten Lebensmittel für strahlende Haut:

· **Rote Paprika:** Sie enthalten viel Vitamin C, das den Collagenhaushalt reguliert und die Haut glatt und straff hält. Einfach als Zwischenmahlzeit knabbern oder an Salate und Wokgerichte geben.

- **Chia-Samen**: Enorm reich an Omega-3-Fettsäuren und Kalzium. Sie nehmen das Zehnfache ihres Gewichts an Wasser auf, hydrieren den Körper und sorgen für frische, glatte Haut – besonders wichtig für Vegetarier. Auf Salate oder Joghurt streuen oder probieren Sie meine blitzschnelle Chia-Bananen-Creme mit nur drei Zutaten (siehe Seite 93).
- **Paranüsse**: Sie enthalten das Mineral Selen, das die Hautzellen vor Schäden schützt. Weil die Böden ausgelaugt sind, enthält unsere Nahrung nicht viel Selen, aber schon zwei Nüsse decken den Tagesbedarf. Sie können Paranüsse auch in Smoothies oder ins Müsli geben.
- **Leber**. Ja, Leber. Sie enthält viel Vitamin A (und andere fettlösliche Vitamine). Bestellen Sie sie beim Fleischer vor. Mit Gewürzen in Kokosöl gebraten ist Leber eine tolle Zutat für Salate.
- **Grünkohl (Kale)**: Er enthält nicht nur viel Eisen, sondern auch Vitamin C und Schwefel. Schwefel wird für die Collagenbildung gebraucht (die mit zunehmendem Alter nachlässt). Genießen Sie ihn gebraten mit Eiern zum Frühstück oder gedünstet mit Fisch als Hauptmahlzeit.
- **Austern**: Zugegeben, extravagant – aber sie sind sehr reich an Zink. Das Mineral spielt eine wichtige Rolle für Immunsystem, Proteinstoffwechsel und Zellteilung. Es schützt die Haut vor UV-Strahlung und wirkt entzündungshemmend. Ein budgetfreundlicherer Zinklieferant ist eine Handvoll Kürbiskerne.

Betrachten Sie die Entdeckung all dieser neuen Lebensmittel als spannendes Abenteuer. Die Auswahl ist so groß, dass Sie den Schnellimbiss darüber ganz vergessen werden. Und das bringt Sie weiter auf Ihrem Weg!

Essen gehen

Dieses Sechs-Wochen-Programm ist keine Diät, sondern ein Ernährungskonzept fürs Leben. Und es muss natürlich zu Ihrem individuellen Leben passen. Natürlich können Sie essen gehen. Igeln Sie sich nicht ein, haben Sie Spaß! Aber bestellen Sie mit Verstand.

- **Lassen Sie Zucker (auch versteckten) weg.** Meiden Sie Gerichte, in deren Beschreibungen Wörter wie karamellisiert, Barbecuesauce oder süßsauer auftauchen.
- **Reichen Sie den Brotkorb weiter.** Wenn er genau vor Ihnen steht, werden Sie hineingreifen.
- **Bestellen Sie gedünstetes Gemüse** statt Pommes oder einen Beilagensalat statt Brot.

· Dressings enthalten fast immer Zucker. **Bestellen Sie Salat ohne Dressing** und bitten Sie um etwas Olivenöl, um ihn selbst anzumachen.

· **Bitte recht einfach!** Eine gute Wahl sind tagesfrischer Fisch, gutes Fleisch, Gemüse oder ein frischer Salat.

Scheuen Sie sich nicht, Sonderwünsche zu äußern. Restaurants brauchen zufriedene Gäste und strengen sich dafür gern an. Die ideale Kombination besteht aus leckeren Proteinen, gesunden Fetten und einer Portion Gemüse.

F & A

F: Ist Sojamilch okay?

A: Nein. Bitte keine Sojamilch. Meine Klienten berichten oft stolz, dass sie auf Caffè latte mit Sojamilch umgestiegen sind, weil sie als so gesund gepriesen wird. Leider hat Sojamilch aber wenig mit den traditionellen Sojaprodukten der asiatischen Kulturen zu tun. Dort isst man Miso, Tempeh, Natto und Sojasauce – also fermentierte Sojaprodukte. Durch die Fermentierung wird die Phytinsäure aufgespalten. Sojamilch hingegen enthält einen hohen Anteil dieser Säure. Phytinsäure ist in den äußeren Schichten aller Samen enthalten. Sie verhindert die Aufnahme wichtiger Mineralstoffe wie Kalzium, Magnesium, Eisen und Zink. Alle Bemühungen, diese mit gesunder Nahrung aufzunehmen, sind dadurch also umsonst. Verwenden Sie lieber Bio-Vollmilch, Reismilch, Hafermilch oder Nussmilch. Meine Mandelmilch (siehe Seite 261) oder Kokosmilch (siehe Seite 258) können Sie selbst herstellen.

F: Ich habe nachmittags gegen vier Uhr ein enormes Leistungstief. Was hilft dagegen?

A: Durch das Weglassen von Zucker und die Aufnahme von Fett wird sich der Blutzuckerspiegel stabilisieren. Damit verringert sich der starke Wechsel aus Hochs und Tiefs. Wenn der Hänger am Nachmittag trotzdem kommt, greifen Sie zu gesunden Snacks: einem Apfel mit Nussmus, einer halben Avocado, einer Handvoll Nüsse oder einem grünen Saft. Auch Bewegung kann helfen, etwa ein kleiner Spaziergang (notfalls im Bürogebäude). Kochen Sie sich einen Kräutertee oder trinken Sie ein Glas Kokoswasser.

F: Als Abschluss einer Mahlzeit brauche ich unbedingt etwas Süßes. Was kann ich tun?

A: Das kenne ich! Greifen Sie zu etwas Gesundem, vielleicht gerösteten Kokosflocken, einer Handvoll gerösteten Nüssen mit Zimt oder Beeren mit Kokosjoghurt. Mein Geheimrezept ist Süßholz-Pfefferminztee. Er schmeckt herrlich süß (ideal bei Heißhunger auf Süßes) und lindert Stress, weil er die Nebennierendrüsen positiv beeinflusst.

F: Leide ich an Laktose-Intoleranz?

A: Um herauszufinden, ob eine Allergie oder Unverträglichkeit vorliegt, lassen Sie das verdächtige Lebensmittel zwei Wochen lang ganz weg. Beobachten Sie, wie Sie sich fühlen, dann nehmen Sie es wieder in den Speiseplan auf. Bei einer Intoleranz wird Ihr Körper reagieren. Fühlen Sie sich gut, liegt wahrscheinlich keine Unverträglichkeit vor. Niemand kann besser beurteilen, was Ihr Körper verträgt, als Sie selbst. In Woche vier dieses Programms geht es um die Gesundung des Verdauungssystems, um Unverträglichkeiten und Völlegefühl zu lindern.

F: Ich habe nicht genug Zeit, um mich um meine Gesundheit zu kümmern. Wie schaffen Sie das?

A: Unter meinen Klienten waren Geschäftsführer internationaler Unternehmen und berufstätige Mütter. Ich kenne diese Probleme. Gute Planung hilft. Nutzen Sie den Sonntag, um mein Rauchiges Brathähnchen mit Süßkartoffelspalten (siehe Seite 188), Grüne Quinoa (siehe Seite 179) und Rohschokoladen-Kugeln (siehe Seite 102) vorzukochen. Blättern Sie auch im Kapitel mit schnellen Rezepten für den Abend.

GUT essen, KLAR denken

Woche drei

Klarheit in Ernährungsdingen sorgt auch für einen klaren Kopf. Mein Programm ist nicht auf sechs Wochen beschränkt, es ist ein Programm fürs Leben.

Eigenliebe

Bis jetzt haben wir uns mit Essen beschäftigt. In dieser Woche geht es um Ihr Denken. Ich möchte, dass Sie sich neu in sich verlieben – und zwar in jeden Zentimeter. Das mag albern und etwas esoterisch klingen, aber lesen Sie bitte weiter ... Jeder Muskel im Körper muss benutzt werden, damit er wächst und richtig funktioniert. Auch Eigenliebe und Selbstachtung brauchen tägliche Pflege. Schreiben Sie einmal alles Negative auf, das Sie regelmäßig über sich denken. Seien wir ehrlich ... das tun wir doch alle. Um Ihnen auf die Sprünge zu helfen: Ich meine Dinge wie

Ich bin zu dick. Ich sehe heute scheußlich aus. Ich hasse meinen Körper. Meine Haut ist schrecklich.

Stellen Sie sich vor, das würde Ihre beste Freundin oder Ihr Liebster sagen. Das wäre doch glatt ein Trennungsgrund! Warum sagen Sie sich selbst solche Dinge? Negatives Denken beeinflusst auch andere Lebensbereiche.

Ich komme mit meinem Geld nicht aus. Ich habe nur Pech in der Liebe. Ich hasse meinen Job.

Es tut uns nicht gut, uns auf negative und schmerzhafte Gedanken zu konzentrieren. Die Beziehung, die Sie zu sich selbst haben, ist kostbar. Umso wichtiger ist es, den Selbstachtungsmuskel regelmäßig zu trainieren.

Fangen wir gleich an!

Positive Affirmation

Der erste Schritt ist positive Affirmation. Verdrehen Sie nicht die Augen – es funktioniert. Was man sich immer wieder selbst sagt, glaubt man schließlich. Auf diese Weise lässt sich das eigene Denken verändern. Sagen Sie sich jeden Morgen drei Dinge, die Sie an sich positiv finden. Sie können sich auf Ihren Körper oder Ihre Lebensweise beziehen.

Ihnen fällt nichts ein? Dann kehren Sie Ihre negativen Gedanken doch ins Gegenteil. Oder versuchen Sie dies:

Ich lebe, liebe und lerne jeden Tag.

Ich singe meine positiven Affirmationen morgens unter der Dusche vor mich hin ... eine schöne Art, den Tag zu beginnen. Machen Sie sich die Übung zur Gewohnheit, dann wird sie so selbstverständlich wie das Zähneputzen. Ihr Selbstbewusstsein wird wachsen, und das wirkt sich auf alle Lebensbereiche aus.

Nicht vergleichen ... gratulieren!

Wir lieben Promis und verfolgen ihre Höhenflüge – und vor allem ihre Tiefschläge – interessiert. Dadurch fühlen wir uns mit unseren Schwächen nicht so allein. Aber die Schwächen anderer Leute machen Ihr Leben nicht besser. Zeit, in der man andere beobachtet, ist auch nicht gut investiert. Durch den Selbstvergleich – mit ihrer Kleidung oder Figur, ihrem Reichtum oder ihrer Schönheit – fühlen wir uns womöglich umso schlechter.

Hören Sie auf, sich zu vergleichen. Fangen Sie an, Ihren großartigen Körper zu lieben. Statt eine andere Person zu beneiden, beglückwünschen Sie sie zu Ihrem Outfit, Ihrer Haut oder Ihrem Erfolg, und sei es nur in Gedanken. Sie werden viel zufriedener sein. Wahrscheinlich vergleicht sich diese andere Person gerade mit Ihnen. Diese Grenze lässt sich auflösen.

Sie sind nicht allein

Niemand ist perfekt. Ich bin nicht rund um die Uhr begeistert von meinem Körper. Aber ich habe gelernt, dass es nichts bringt, sich selbst zu bedauern oder in negativen Gedanken zu baden. Gegen Niedergeschlagenheit hilft ein Eisbecher ebenso wenig wie Selbstkasteiung. Tun Sie stattdessen etwas Positives. Gehen Sie spazieren, genießen Sie einen gesunden Snack, rufen Sie eine Freundin an oder kaufen Sie sich einen neuen Lippenstift. Seien Sie lieb zu sich selbst, und konzentrieren Sie sich auf das Gute in Ihrem Leben.

Leben bedeutet, auf einer Reise zu sein. Für mich gehört das Schreiben dieses Buchs zu der Reise. Warten Sie nicht, bis Sie das Leben verstehen. Leben Sie es einfach.

Authentisch sein

Unglückliche Menschen fühlen sich oft unverstanden. Wenn wir uns treu bleiben und uns so verhalten, wie es uns entspricht, kommen wir unserem eigentlichen Wesen ein Stück näher. Leider belügen wir uns oft selbst. Wir entwerfen ein falsches Bild, damit andere uns mögen. Der Schlüssel zum Glück liegt aber in der Authentizität.

Glück im Moment finden

Wir neigen dazu, das Glück zu verschieben. Sie kennen solche Gedanken: Wenn ich abnehme, den Traumprinz treffe, den richtigen Job finde ... dann bin ich glücklich. Aber wenn wir nicht jetzt mit dem, was wir haben, glücklich sein können, wie wollen wir dann in Zukunft glücklich sein? Früher bin ich gelaufen (leider keinen Marathon). Ich bin vor Situationen weggelaufen. Wenn es schwierig wurde, ging ich. Ich suchte mir einen neuen Job, neue Freunde, ein neues Land. Ich hoffte, woanders mein Glück zu finden. Ein anderer Ort sollte mich verändern und mein Leben in Ordnung bringen. Aber ich habe verstanden, dass das Gefühl von Zufriedenheit und Ganzheit nur von innen kommen kann. Das geht nicht über Nacht, aber das bewusste Üben positiven Denkens hilft, die Liebe zu sich selbst wieder zu finden.

Ich weiß, dass ich gerade sehr hartnäckig bin, aber ich möchte Ihnen klar machen, wie wichtig die innere Einstellung ist. Mit den folgenden einfachen Schritten sind Sie auf dem richtigen Weg:

- **Affirmation:** Wiederholen Sie Ihre positiven Affirmationen täglich.
- **Helfen:** Liebevoller Umgang mit anderen wirkt auf Sie zurück.
- **Belohnen:** Schenken Sie sich etwas, vielleicht ein Badeöl, eine Zeitschrift, eine Pediküre oder eine Stunde Auszeit mit einem Buch.
- **Gesellschaft:** Umgeben Sie sich mit Menschen, die Sie mögen und die Ihnen gut tun.
- **Reden:** Was immer ansteht, Sie müssen es nicht allein stemmen. Sprechen Sie mit Freunden oder Angehörigen.
- **Gut essen:** Versorgen Sie Ihren Körper mit gesundem Essen, das Ihnen schmeckt.
- **Bewegen:** Bewegung fördert die Ausschüttung des Glückshormons Serotonin.
- **Dankbarkeit:** Schreiben Sie auf, was in Ihrem Leben gut läuft, und nehmen Sie es nicht als selbstverständlich hin.
- **Lächeln:** Es macht tatsächlich glücklicher.
- **Positiv denken:** Das schaffen Sie!

F & A

*F: Ich mag meinen Körper nicht –
wie soll ich ihn lieben lernen?*
A: Wie Sie das Radfahren gelernt
haben. Sie werden immer wieder
umkippen, aber eines Tages sitzen
Sie fest im Sattel. Vielleicht sind Sie
sogar so mutig, es einmal freihändig
zu versuchen. Üben Sie beharrlich und
vertrauen Sie darauf, dass es klappen
wird.

*F: Mein gesunder Lebensstil kommt
im Freundeskreis schlecht an.
Meine Freunde nennen mich eine
Spaßbremse.*
A: Wer gesund leben will, kann trotzdem ausgehen oder Zeit mit Freunden
verbringen. Vielleicht verändern sich
die Aktivitäten. Wie wäre es mit einem
Yogakurs oder einem Brunch statt
einer Partynacht? Wenn Ihre Freunde
Ihren neuen Lebensstil nicht unterstützen, sollten Sie vielleicht Ihren
Freundeskreis erweitern. Ich habe in
Sportkursen und bei Wellness-Ver-
anstaltungen viele Gleichgesinnte
kennengelernt.

*F: Hilfe, ich bin Frust- und
Stressesserin!*
A: Gehen Sie nicht geradewegs an den
Küchenschrank. Essen taugt nicht als
Ablenkung. Springen Sie unter die
Dusche, lesen Sie ein Buch oder schlie-
ßen Sie die Augen, und atmen Sie tief
durch. Liebevoller Umgang mit sich
selbst hilft gegen Stress – Essen aber
nicht.

WEG

mit dem

BLÄHBAUCH

Woche vier

Sie essen gesund, denken positiv, brauchen keinen Zucker und versorgen Ihren Körper mit guter Nahrung. Darauf können Sie stolz sein. Jetzt geht es um die gesunde Verdauung, damit das aufgeblähte Gefühl verschwindet.

Lernen Sie Ihren Darm kennen

Der Darm ist nicht gerade sexy, aber das Verdauungssystem ist enorm wichtig. Dort werden die Nährstoffe aufgenommen, und dort haben etwa 70% des Immunsystems ihren Sitz. Das ist eine Menge. Wenn die Darmschleimhaut geschädigt ist, gelangen unvollständig aufgeschlossene Stoffe in die Blutbahn. Dann muss die Leber, die für die Entgiftung des Körpers sorgt, hart arbeiten. Dadurch entsteht durch jede Nahrungsaufnahme Stress. Und wenn Sie noch so viel Grünkohl (Kale) und Kokosnüsse essen: Ohne einen gesunden Darm werden Sie niemals optimale Gesundheit erreichen.

Alkohol, Zucker, die Pille und Stress sind nur ein paar Dinge, die der Darmgesundheit schaden können. Mir ist klar, dass man sie nicht so einfach aus dem Alltag verbannen kann. Darum will ich Ihnen in fünf einfachen Schritten zeigen, wie sich Verdauungsbeschwerden verringern lassen.

1. Goodbye Gluten!

Im ersten Schritt verabschieden wir uns vom Gluten. Sie haben vielleicht bemerkt, dass meine Rezepte sehr kohlenhydratarm sind. Brot kommt nicht vor, und alle sind glutenfrei. Der Grund ist, dass Gluten im Darm entzündliche Prozesse auslösen kann. Sie führen zu Blähungen, schlechter Verdauung und, bei regelmäßigem Verzehr, möglichweise zu entzündlichen Erkrankungen.

Was ist Gluten?

Gluten ist ein Protein, das in Weizen, Roggen und Gerste enthalten ist. Den höchsten Gehalt hat Weizen. Er wirkt auf den Darm wie Schmirgelpapier. Bei einem Überschuss von Gluten verbinden sich die darin enthaltenen Phytate mit Kalzium, Eisen, Magnesium und Phosphor. Dadurch kann der Körper diese Mineralien schlechter aufnehmen, es kommt zu Mangelerscheinungen, zu Abgeschlagenheit und Antriebslosigkeit.

Nicht jeder leidet an Gluten-Intoleranz. Sie müssen wahrscheinlich nicht ganz darauf verzichten, aber den meisten Menschen geht es besser, wenn sie den Verzehr reduzieren. Schon nach wenigen Wochen spüren Sie:

· mehr Energie
· keinen Blähbauch mehr
· eine bessere Verdauung

Klingt großartig, oder? Verzichten Sie einfach in den nächsten zwei Wochen auf Gluten, und beobachten Sie, was sich verändert.

Leben ohne Gluten

Glutenfreie Ernährung bedeutet, auf Brot, Fertigpizza, Nudeln, Kuchen und Kekse weitgehend zu verzichten. Das klingt entbehrungsvoll, aber dass es eine Menge toller Alternativen gibt, sehen Sie im Rezeptteil dieses Buchs.

Einfach tauschen

Wenn Sie diese Tipps berücksichtigen, fällt der Verzicht auf Gluten ganz leicht:

Lieber vermeiden:	Dafür verwenden:
Pizza	Blumenkohl-Pizza (siehe Seite 204)
Weißbrot	Mein Quinoa-Brot (siehe Seite 96)
Couscous	Hirse
Weizenmehl	Buchweizenmehl oder gemahlene Mandeln zum Backen
Pasta	Zucchini-Nudeln

Ich weiß, dass es schwierig ist, auf Kohlenhydrate zu verzichten. Aber Sie werden sich bald so gut fühlen, dass Sie Toastbrot & Co. völlig vergessen.

Vorsicht, Gluten!

Gluten steckt auch in anderen Lebensmitteln, zum Beispiel:

· Suppen
· Würzsaucen
· Alkohol
· Paniermehl
· Hot dogs
· Salatdressings, Saucen
· Brühwürfel
· Fertiggerichten
· Gerste, Bulgur und Dinkel

2. Nützliche Bakterien

Im zweiten Schritt gegen den Blähbauch stellen Sie das Gleichgewicht zwischen guten und schlechten Darmbakterien wieder her. Es klingt unschön, aber Bakterien sind die Grundlage des Lebens und der Gesundheit. Ist die Darmflora aus dem Gleichgewicht, drohen Verdauungsbeschwerden, Immunschwäche, Gewichtszunahme und Hautprobleme. Gute Bakterien fördern die Gesundheit, weil sie

· Energie aus Nahrung gewinnen,
· das Immunsystem ankurbeln,
· den Hormonhaushalt regulieren.

Fermentierte Lebensmittel

Das beste Mittel gegen so ein Ungleichgewicht ist eine Nahrung mit vielen probiotischen Stoffen. Fermentierte Lebensmittel enthalten Enzyme, die die Verdauung und die Nährstoffaufnahme fördern.

· Sauerkraut: fermentierter Weißkohl
· Kefir: fermentierter Joghurt
· Kombucha: fermentierter Tee
· Miso: fermentierte Sojabohnen

Greifen Sie zu

Essen Sie in den nächsten zwei Wochen täglich fermentierte Lebensmittel. Sinnvoller als Joghurtdrinks sind Lebensmittel, die nützliche Bakterien enthalten, denn sie werden vom Körper besser aufgenommen.

Essen Sie jeden Tag zu den Mahlzeiten zwei Esslöffel Kefir oder Sauerkraut – am besten unpasteurisiert, denn durch den Pasteurisiervorgang werden nützliche Bakterien abgetötet. Sie können zusätzlich probiotische Tabletten einnehmen, die diese nützlichen Bakterien in konzentrierter Form enthalten. Sie fördern die Sanierung der Darmflora und sind besonders hilfreich bei Reizdarmsyndrom, Darmträgheit und Durchfall.

Nehmen Sie jeden Morgen die empfohlene Dosis ein. Das Produkt sollte pro Dosierung mindestens 4 Milliarden aktiver Organismen möglichst vieler verschiedener Arten aus dem Familien Lactobacillus und Bifidobacterium enthalten.

3. Esst mehr Proteine

Proteine bilden den dritten Schritt bei der Bekämpfung des Blähbauchs. Sie sind für viele andere Lebensfunktionen wichtig und beruhigen mit ihren entzündungshemmenden Omega-3-Fettsäuren die Darmschleimhaut. Sie sorgen für kräftige

Haare, strahlende Haut und einen stabilen Blutzuckerspiegel, weil sie langsam verdaut werden. Darum gehören sie zu jeder Mahlzeit.

Proteine tierischen Ursprungs enthalten alle acht essenziellen Aminosäuren. Es gibt aber auch gute Alternativen für Vegetarier und Veganer. Achten Sie vor allem auf Abwechslung. Die folgende Liste kann dabei helfen.

· Fleisch von Weidevieh
· Wildgeflügel
· Freiland-Hähnchen und -Puten
· Kaltwasser-Fische
· Meeresfrüchte
· Freiland- oder Bio-Eier
· Hanfsamen
· Chia-Samen
· Quinoa
· Superfoods: Spirulina und Blaualgen
· Kürbiskerne
· Hülsenfrüchte (über Nacht einweichen, sonst sind sie schwer verdaulich)

Fleisch von Weidevieh

Viele Leute glauben, Fleisch sei ungesund und man solle möglichst wenig davon essen. Manche essen aus ethischen Gründen kein Fleisch, andere mögen den Geschmack nicht. Das respektiere ich vollauf. Für alle, die nicht Vegetarier sind, ist Fleisch aber eine wertvolle Proteinquelle.

Das heißt nicht, jeden Tag Würstchen zu essen, aber hochwertiges Fleisch von Weidevieh tut dem Körper gut.

Mit »Weidevieh« meine ich Tiere, die ihr Leben lang nur Gras gefressen haben. Sie glauben, Kühe fressen immer nur Gras? Nicht alle! Rindfleisch aus dem Supermarkt stammt häufig von Tieren aus Stallhaltung, die mit Getreide gemästet wurden, denn das ist viel billiger als Weiden, die viel Platz brauchen. Es liegt auf der Hand, dass alles, was die Kuh frisst, letztlich als leckeres Steak auf dem Teller landet. Omega-3-Fettsäuren haben ihren Ursprung in grünen Pflanzen und Algen, darum liefert Weidevieh aufgrund seiner Ernährung mehr von diesen wichtigen Nährstoffen. Das gilt auch für Fische, die sich von Algen und Phytoplankton ernähren. Omega-3-Fettsäuren lindern entzündliche Prozesse, stärken die Gehirnfunktion und lassen Sie strahlen.

Gutes von der Weide

· Fleisch von Weidevieh enthält 20-mal mehr Vitamin E als Fleisch von Tieren, die mit Mais oder Soja gemästet wurden.
· Es enthält keine ungesunden Trans-Fettsäuren.
· Es ist die beste bekannte natürliche Quelle von cLA (conjugierte Linolsäure), die schlank macht.

· Es enthält viel Betacarotin (ein natürliches Antioxidans).

Der Umstieg auf Fleisch von Weidevieh ist keine neue Mode, sondern einfach gute Ernährung. Lassen Sie Industrieschinken, Wurst und Fleischgerichte aus dem Imbiss weg. Kaufen Sie bei einem guten Schlachter oder bestellen Sie online direkt beim Erzeuger. Das ist gar nicht so teuer, und Sie müssen auch nicht jeden Tag Fleisch essen. Aber es schmeckt besser, und Sie werden den Nutzen bald spüren.

4. Knochenbrühe gegen den Blähbauch

Mit Verzicht auf Gluten, nützlichen Bakterien und hochwertigen Proteinen ist schon viel für die Darmgesundheit getan. Mein letzter Tipp ist Knochenbrühe. Das mag altmodisch klingen, ist aber ein bewährtes Rezept zur Erhaltung und Wiederherstellung der Darmgesundheit. Und dass Hühnerbrühe gegen Erkältung hilft, ist ja auch bestens bekannt.

· Die Gelatine in Knochenbrühe ist ein hydrophiles Kolloid, das die Verdauung fördert.
· Sie enthält Kalzium, Magnesium, Phosphor, Silizium, Schwefel und Spurenelemente in leicht verwertbarer Form.

· Sie wirkt entzündungshemmend.
· Die Gelatine fördert das Wachstum von Haaren und Nägeln.

Wenn Sie an Verdauungsbeschwerden leiden, sollten Sie täglich eine oder zwei Tassen Knochenbrühe trinken.

Knochenbrühe kochen

· 500 g Knochen von Weidevieh (oder andere Knochen)
· 1 weiße Zwiebel, grob gehackt
· 2 Lorbeerblätter
· 2 TL Meersalz
· 4 EL Apfelessig

Die Knochen mit warmem Wasser waschen. In einen möglichst großen Topf legen und mit Waser bedecken. Die Zwiebel und die übrigen Zutaten zufügen. Zum Kochen bringen, dann die Temperatur verringern und bei sehr schwacher Hitze 4–6 Stunden köcheln lassen. Durch ein Sieb gießen und in Behälter umfüllen. Die Brühe kann eingefroren werden, kochen Sie also gleich einen Vorrat.

Für Suppen oder zum Garen von Gemüse verwenden oder vor den Mahlzeiten trinken.

5. Noch mehr Tipps gegen den Blähbauch

Sie haben die Weichen für einen gesunden Darm gestellt. Wenn noch etwas mehr Unterstützung nötig ist, finden Sie hier gute Tipps:

- Nehmen Sie die Aminosäure L-Glutamin, Aloe vera, Ulmenrinde oder Magnesiumcitrat ein.
- Trinken Sie eine Tasse Kamillen-, Süßholz- oder Pfefferminztee, um den Bauch zu beruhigen.
- Massieren Sie den Bauch mit sanften Bewegungen im Uhrzeigersinn, um alles in Bewegung zu bringen.
- Atmen Sie tief in den Bauch. Beim Einatmen bis drei zählen, beim Ausatmen bis vier zählen. Dadurch wird das Nervensystem beruhigt, und es wird Blut in den Verdauungtrakt gepumpt.
- Trinken Sie vor dem Essen Wasser mit einem Teelöffel Apfelessig. Es kurbelt die Verdauung an.
- Gehen Sie in die Sonne. Vitamin D stärkt das Immunsystem, bekämpft Krankheitserreger und reguliert die Darmflora.

F & A

F: Wie viel Proteine soll ich essen?
A: Planen Sie pro Mahlzeit eine faustgroße Portion ein – am besten aus verschiedenen Quellen, der Abwechslung wegen. Und essen Sie nur, was Sie mögen. Zwingen Sie sich nicht, Fisch zu essen, obwohl er Ihnen nicht schmeckt. Es geht um Genuss, nicht um Bestrafung.

F: Kann man zu viele Eier essen?
A: Ja, man kann es mit allem übertreiben. Der Körper liebt Abwechslung. Zwei oder drei Eier pro Woche reichen.

F: Wo bekomme ich probiotische und fermentierte Lebensmittel?
A: Im Bioladen, im Reformhaus und online.

F: Sind Produkte mit dem Aufdruck »glutenfrei« unbedenklich?
A: Nicht immer. Viele enthalten chemische Stoffe, um das fehlende Gluten auszugleichen. Wählen Sie Brot aus Reis-, Buchweizen-, Quinoa- oder Hirsemehl. Wenn Sie keine Gluten-Intoleranz haben, sind auch Roggen und Dinkel gute Alternativen. Kaufen Sie Brot mit möglichst wenigen Zutaten – oder backen Sie es selbst.

RUHEN

und

VERDAUEN

Woche fünf

Stress schlägt nicht nur auf die Stimmung, sondern
er wirkt sich auch auf die Taille, die Verdauung und das
Gesamtbefinden aus. In dieser Woche geht es deshalb
um gesundes Stressmanagement.

Bewusst essen

Nicht nur, was Sie essen, zählt, sondern auch, wie Sie essen. Bewusstes Essen ist enorm wichtig, denn es hilft, jeden Bissen intensiv wahrzunehmen. Dadurch essen Sie weniger, sind eher satt, und die Verdauung funktioniert besser.

Wir leben in Eile. Wir essen unterwegs, im Stehen, vor dem Computer und selten am Tisch. Viele von uns sind gestresst, übermüdet und überarbeitet. Das verführt dazu, sich gedankenlos Ungesundes in den Mund zu stecken und insgesamt ungesund zu leben.

Wenn wir im Gehen essen, befindet sich der Körper im »Kampf oder Flucht«-Modus. Die Muskeln werden mit Blut versorgt – und nicht der Verdauungsapparat. Wir sollten uns lieber setzen und uns Zeit zum Essen und Verdauen nehmen. Das ist nicht so einfach.

Achtsamkeit ist nicht nur beim Essen wichtig, sondern letztlich bei allem, was wir tun. Dadurch nehmen wir uns insgesamt besser wahr, und es tut Gesundheit und Wohlbefinden gut, wenn Kopf und Gedanken gelegentlich zum Schweigen gebracht werden.

Achtsamkeit – aber wie?

· Essen Sie am Tisch, nicht im Stehen.
· Schalten Sie Ablenkungen aus: Fernseher, Computer, Telefon und Arbeit haben Pause. Wer sich ganz auf sein Essen konzentriert, nimmt auch das Sättigungsgefühl besser wahr.
· Kauen Sie gründlich. Der Körper muss arbeiten, um aus dem Essen Nährstoffe zu gewinnen. Helfen Sie ihm, indem Sie jeden Bissen zehnmal kauen. Dadurch essen Sie weniger, sind schneller satt und vermeiden Völlegefühl.

- Warten Sie 20 Minuten, bevor Sie Nachschlag nehmen. Es dauert eine Weile, bis das Sättigungsgefühl einsetzt. Vielleicht brauchen Sie gar keine zweite Portion.
- Atmen Sie zwischen den Bissen durch. Schlingen Sie nicht, sondern genießen Sie, und nehmen Sie Geschmack und Konsistenz bewusst wahr.

Meditation

Wenn Sie so kopflastig sind wie ich, wenn Sie zu Grübelei und Sorgen neigen, dann hilft Ihnen vielleicht Meditation. Die These, dass der Darm das zweite Gehirn ist, wird inzwischen durch viele spannende Studien belegt. Tatsächlich ist er mit etwa 100 000 Neurotransmittern auf seiner ganzen Länge enorm sensibel. Der Vagusnerv stellt die Verbindung zwischen dem Gehirn und dem Darm dar. Wenn das Verdauungssystem aus dem Tritt gerät, werden Schmerzsignale an das Gehirn gesandt. Und wenn dazu noch Stress kommt ... dann ist der Teufel los. Wenn Sie also den Geist zur Ruhe bringen, profitiert davon auch der Darm.

Mir hat Meditation dabei geholfen, meine Verdauungsprobleme zu beseitigen und den Alltagsstress in Schach zu halten. Durch Meditation wird das Be-

wusstsein trainiert. Sie hilft, im Hier und Jetzt anzukommen. Viel zu oft beschäftigen uns doch Zukunftsängste oder wir hängen der Vergangenheit nach. Durch Meditation können wir den Moment erleben und genießen, und sie kann noch viel mehr:

- Sie hilft, Stress abzubauen.
- Sie entspannt Körper und Geist.
- Man fühlt sich danach ruhiger und zufriedener.

Wie funktioniert Meditation?

Es gibt viele Arten der Meditation. Manche Menschen wählen Yoga oder Tai-Chi, andere tanzen oder malen, um den Kopf abzuschalten. Die bekannteste Form ist aber die sitzende Meditation. Suchen Sie sich dafür einen angenehmen Platz, und schalten Sie alle Ablenkungen aus. Setzen Sie sich auf einen Stuhl oder – mit gekreuzten Beinen – auf den Boden. Schließen Sie die Augen.

Zählen Sie beim Einatmen langsam bis drei und beim Ausatmen bis vier. Atmen Sie nicht in die Brust, sondern tief in den Bauch, sodass er sich spürbar hebt und senkt. Wiederholen Sie dies zehnmal mit geschlossenen Augen. Konzentrieren Sie sich ganz auf die Atmung. Wenn der Geist abschweift, zählen Sie wieder die Atemzüge, um alle Gedanken auszublenden. Danach kommen Sie langsam wieder in die Gegenwart zurück – und Sie werden sich viel besser fühlen.

Versuchen Sie, eine Woche lang täglich zu meditieren. Nach sieben Tagen werden Sie ruhiger sein. Beginnen Sie mit einer Minute und verlängern Sie die Meditation regelmäßig, bis Sie es schaffen, 20 Minuten ruhig zu sitzen. Planen Sie die Meditation fest in den Tagesablauf ein. Zeit für einen solchen Moment der Ruhe lässt sich immer finden: zwischen Meetings, in der Bahn oder vor dem Schlafengehen.

Bewegen!

Während meiner Zeit in Sydney war ich beeindruckt von der Einstellung der Menschen zum Sport. Er gehörte einfach zum individuellen und sozialen Leben. Niemand wirkte träge. Manche standen um 5 Uhr auf, um die erste Welle zu erwischen. In meiner Jugend war ich ein Sportmuffel. Auch Fitnessstudios sind nicht mein Fall. Trotzdem hat Bewegung dazu beigetragen, dass meine Figur schöner ist, dass ich mehr Energie habe und mit Stress besser umgehen kann.

Für mich ist die beste Zeit der Morgen. Dann ist es erledigt, und weder Überstunden noch eine Einladung können in die Quere kommen. Parken Sie die Sporttasche an der Tür, und buchen Sie mit einer Freundin einen Kurs – gemeinsam bleibt man leichter dran. Tragen Sie den Sport in den Kalender ein, und nehmen Sie ihn so wichtig wie andere verbindliche Termine. Wenn Ihnen die Gebühren fürs Fitnessstudio zu hoch sind, gehen Sie walken oder joggen oder probieren Sie einen Aerobic-Kurs auf YouTube. Ausreden gelten nicht!

Die Akkus aufladen

Viele von uns schinden sich beim Sport. Darum ist es umso wichtiger, anschließend die Akkus aufzuladen, um auch am nächsten Tag wieder einsatzfähig zu sein. Die richtige Nahrung nach dem Sport hängt davon ab, welches Training Sie gewählt haben.

- Cardio-Training: Setzen Sie auf gesunde Fette und Proteine, zum Beispiel meinen Stark-und-Schlank-Smoothie (siehe Seite 255), Rührei mit Pesto und Avocado (siehe Seite 72) oder Räucherlachs-Salat mit Avocadopüree (siehe Seite 149).
- Krafttraining: Danach brauchen Sie mehr Kohlenhydrate, beispielsweise meinen Süßkartoffel-Dip (siehe Seite 110), Grüne Quinoa (siehe Seite 179) oder eine meiner Superfood-Kugeln (siehe Seite 102).

Trainieren Sie nicht mit vollem Magen, denn der Körper braucht einige Stunden

Zeit zum Verdauen. Ich trinke vor dem Sport gern einen Saft oder Smoothie. Beide werden schnell absorbiert. Wenn Sie morgens zum Sport gehen, können Sie vorher auch Kaffee trinken, denn er ist reich an Antioxidantien. Aber bitte nicht zu viel!

Bad, Massage und Schlaf gegen Stress

Ein gutes Mittel gegen Stress ist ein Bad in warmem Wasser mit Epsom-Salz (Magnesiumsulfat, auch Bittersalz genannt). Es entspannt die Muskeln und fördert den erholsamen Schlaf. Einfach eine Tasse voll Salz in die Wanne geben und 15 Minuten im warmen Wasser räkeln. So ein Bad entspannt nach dem Sport auch die müden Muskeln. Vor dem Duschen oder Baden gönne ich mir gern eine Bürstenmassage, um hartnäckige Cellulite zu bekämpfen und Giftstoffablagerungen zu beseitigen. Nachdem wir Junk vom Teller verbannt haben, können wir ihn nun auch von der Haut bürsten.

Bürstenmassage

Streichen Sie mit einer Bürste mit Naturborsten vor dem Duschen mit langen, gleichmäßigen Zügen über die Haut – an den Füßen beginnend und immer zum Herzen hin. Behandeln Sie empfindliche Hautpartien mit ganz geringem Druck, und vergessen Sie den Po nicht!

Das bringt eine Bürstenmassage:

· Sie verbessert den Muskeltonus.
· Sie baut Fettablagerungen ab.
· Sie reguliert die Körpertemperatur.
· Sie regt Hormon- und Talgdrüsen an und lässt die Haut strahlen.
· Sie verringert Cellulite.

Schlafen Sie gut

Schlaf hält den Körper gesund. Er hilft, Stress zu lindern und Hungerattacken – vor allem Appetit auf Zucker – zu vermeiden. Versuchen Sie, zwischen 22 Uhr und 6 Uhr zu schlafen. In dieser Zeit kann sich der Körper am besten erholen. Das können Sie für guten Schlaf tun:

· Nicht nach 20.30 Uhr essen, und gegen 22 Uhr ins Bett gehen.
· Vor dem Schlafengehen eine Tasse Kamillentee trinken.
· Wenig oder keinen Alkohol, bitte.
· Vor dem Schlafengehen zur Ruhe kommen und Stress abschütteln.
· Vor dem Einschlafen lieber lesen, statt auf einen Bildschirm zu schauen.
· Ideal ist ein dunkler, kühler Raum mit gemütlicher Bettwäsche.

F & A

F: Ich habe Mühe, mich auf kleinere Portionen umzustellen. Was kann ich tun?

A: Da hilft Achtsamkeit und bewusstes Essen. Nehmen Sie sich Zeit und kauen Sie gründlich, dann werden Sie bald keinen Nachschlag mehr brauchen. Als Faustregel empfehle ich pro Mahlzeit eine faustgroße Portion Proteine und ebenso viel Getreide oder stärkehaltiges Gemüse. Von Gemüse mit geringem Stärkegehalt können Sie essen, so viel Sie mögen. Versuchen Sie, einen großen Teller voll zu essen – und nicht mehr.

Wenn Sie zu Hause essen, sollte nicht zu viel auf dem Tisch stehen. Stellen Sie sich vor, im Restaurant zu essen. Würden Sie dort eine zweite Portion bestellen?

F: Was ist die beste Zeit für das Abendessen?

A: Die Essenszeiten spielen eine Rolle. Im Idealfall sollten Sie die Hauptmahlzeit mittags einnehmen und abends etwas Leichtes essen, weil das Stoffwechselfeuer abends auf kleinerer Flamme brennt. Essen Sie möglichst vor 20 Uhr, damit die Nahrung vor dem Schlafengehen verdaut wird.

F: Ich fühle mich ausgelaugt – was hilft dagegen?

A: Stärken Sie Ihr Immunsystem mit einem Zaubertrank. Einen Becher mit kochendem Wasser füllen. 1 zerdrückte Knoblauchzehe, 1 EL Honig, 1 EL frisch geraspelten Ingwer und ½ TL ganze Gewürznelken zugeben. 5 Minuten ziehen lassen, dann trinken. Dreimal täglich wiederholen.

STRAHLEN

Sie!

Woche sechs

Glückwunsch, Sie haben es bis zur letzten Woche geschafft. Jetzt geht es darum, gesunde Lebensgewohnheiten zu festigen, damit der Erfolg anhält … ein Leben lang.

Nicht umkippen!

Sie nähern sich dem Ende, aber das ist kein Grund, wieder in alte Gewohnheiten zu verfallen. Ich will damit nicht sagen, dass Sie nie wieder Zucker und ungesunde Kohlenhydrate essen sollen – aber bitte bewusst und nicht aus emotionalen Gründen wie Zorn, Traurigkeit oder Langeweile. Sie könnten solche Lebensmittel auf Restaurantbesuche einschränken.

Warum? Ganz einfach: Wenn Sie nicht am Büfett essen, bestellen Sie ein Stück Torte. Wenn es weg ist, ist es weg. Und im Ambiente eines Restaurants werden Sie die Leckerei bewusst genießen. Das ist bei einer Familienpackung Vanilleeis auf dem heimischen Sofa ganz anders.

Vorsicht: Sabotage

Wahrscheinlich haben Freunde oder Kollegen in den letzten fünf Wochen versucht, Sie mit Kuchen oder Kneipenbesuchen in Versuchung zu führen. Das ist normal, damit muss man rechnen. Manche Leute finden es beunruhigend, wenn sich ihre Mitmenschen verändern, und versuchen, dies durch Sabotage zu verhindern. Seien Sie sich darüber im Klaren, und nutzen Sie, was Sie in den letzten Wochen gelernt haben. Essen Sie bewusst, und führen Sie sich vor Augen, warum Sie sich für das Programm entschieden haben.

Die Nasch-Falle

Natürlich sabotieren wir uns oft auch selbst. Sie kennen das bestimmt: Da hat man den ganzen Tag lang gesund gegessen und kaum ist man zu Hause, wird hemmungslos genascht. Ziehen Sie die Notbremse.

- Trinken Sie gleich nach dem Heimkommen eine große Tasse Kräutertee.
- Verbringen Sie den Abend mit Freunden.

- Gehen Sie nicht in die Küche. Die Kühlschranktür bleibt zu.
- Trinken Sie einen grünen Saft. Er steckt voller Nährstoffe und besänftigt Gelüste.
- Essen Sie zu Mittag. Viele Menschen essen zu dieser wichtigen Mahlzeit zu wenig.
- Trinken Sie ein Glas Wasser. Vielleicht knurrt Ihr Magen, weil Sie durstig sind.

Dauerndes Naschen belastet das Verdauungssystem. Lassen Sie den Körper zwischen den Mahlzeiten Zeit zum Ruhen und Verdauen.

Durchhänger?

Manchmal führt ein Energietief dazu, dass man in die Naschfalle tappt. Zum Glück gibt es gute Mittel, um den Energiehaushalt auf Touren zu bringen.

- **Frisch geraspelter Ingwer**: eine anregende Zutat für Smoothies und Wok-Gerichte.
- **Süßkartoffeln**: gesunde Kohlenhydrate. Schon eine Portion genügt als Energiespender.
- **Nüsse und Samen**: Walnusskerne sind besonders reich an Omega-3-Fettsäuren, und sie regen das Gehirn an.
- **Eier**: Sie sind randvoll mit Proteinen, sättigen gut und liefern viel Energie.
- **Quinoa**: Sie liefert hochwertige pflanzliche Proteine und außerdem Folsäure, Magnesium und Phosphor.

Das Kleingedruckte

- Bevorzugen Sie Lebensmittel mit kurzer Zutatenliste.
- Kaufen Sie keine Produkte mit Zuckerzusätzen.
- Steht »Diät«, »fettreduziert« oder »0% Fett« auf dem Etikett? Stehen lassen.
- Essen Sie nur Produkte, deren Zutatenliste Sie verstehen. Bitte keine E-Stoffe.
- Herzhafte Produkte sollten weniger als 6 g Zucker pro 100 g enthalten.

Bio oder nicht?

Landwirtschaft und Lebensmittelproduktion haben sich im Laufe der Zeit verändert. Wir importieren viele Lebensmittel von der anderen Seite des Globus, und viele Erzeuger setzen Pestizide und Konservierungsmittel ein.

Ich selbst kaufe nicht ausschließlich Bioware, weil sie meist teurer ist. Bei bestimmten Obst- und Gemüsearten achte ich aber auf Bio-Qualität, denn beim konventionellen Anbau werden besonders oft Pestizide und andere Chemikalien eingesetzt.

Das dreckige Dutzend: *Besser Bio kaufen*	Die sauberen Fünfzehn: *Es geht auch ohne Bio*
Äpfel	Zwiebeln
Stangensellerie	Gemüsemais
Paprika	Ananas
Birnen	Avocado
Erdbeeren	Kohl
Weintrauben	Erbsen
Spinat	Spargel
Kopfsalat	Mangos
Salatgurken	Aubergine
Kartoffeln	Kiwi
Grüne Bohnen	Melone
Grünkohl	Süßkartoffeln
	Grapefruit
	Wassermelone
	Pilze

Heimische Produkte

Bio-Qualität hat ihren Wert, aber noch wichtiger finde ich es, Ware aus heimischem Anbau zu kaufen. Produkte aus weit entfernten Ländern sind lange unterwegs, bevor sie auf dem Teller landen.

In dieser Zeit leiden Geschmack und Nährstoffgehalt, und auch für unseren Planeten sind die Transporte nicht gut. Produkte aus der Region sind frischer, schmecken gut, sind oft preiswerter und gut fürs Umweltgewissen.

Regional essen

· Erledigen Sie den Einkauf auf dem Wochenmarkt.
· Lassen Sie sich eine Gemüsebox vom Erzeuger liefern.
· Kaufen Sie bevorzugt einheimische Produkte statt Importware.
· Essen Sie, was gerade Saison hat. Informieren Sie sich bei Bedarf im Internet.

Küchenwissen

Keine Angst vor dem Einsatz am Herd. Die Kunst besteht darin, die richtigen Fette zu verwenden und nichts zu lange zu garen.
Bitte vermeiden:
· Mikrowelle
· zu langes Garen
· anbrennen lassen – dabei können Giftstoffe entstehen
· frittieren
Bessere Methoden:
· in wenig Wasser bissfest garen
· grillen, backen, rösten oder braten

Verwenden Sie Kokosöl oder Butter. Beide haben einen hohen Rauchpunkt und denaturieren beim Erhitzen nicht. Lassen Sie das Gargut aber nicht anbrennen! Olivenöl eignet sich zum Garen bei niedrigen Temperaturen oder zum anschließenden Beträufeln.

Langsam und nicht zu heiß

Ich liebe meinen Slowcooker. Darin lassen sich gesunde, nährstoffreiche Gerichte ganz einfach zubereiten – ideal für alle, die keine Küchenexperten sind. Sie brauchen nur eine Ladung Gemüse und Fleisch hineinzugeben, und – Hokuspokus! – ein restauranttaugliches Gericht kommt heraus. Ich lasse den Slowcooker oft tagsüber laufen, wenn ich unterwegs bin. Wenn ich abends nach Hause komme, ist das Essen fertig.

Ein Slowcooker kostet nicht viel, Fleisch wird darin wunderbar zart, und Sie brauchen nur ein Gefäß abzuwaschen. Wenn Sie am Sonntag einen großen Braten darin zubereiten, haben Sie Fleisch für die ganze Woche.

Das Beste ist, dass auch preiswerte Fleischzuschnitte wie Schulter und Nacken im Slowcooker wunderbar mürbe werden. Das langsame Garen bei schwacher Hitze ist außerdem gesund, denn es schont die Nährstoffe, die bei höheren Temperaturen zerstört werden.

Ein Wort zum Schluss

Sie haben sechs Wochen durchgehalten, und darauf können Sie stolz sein. Selbst wenn Sie nur eine schlechte Gewohnheit abgelegt haben, ist es ein großer Schritt in die richtige Richtung.

Bei meinem Programm geht es nicht nur ums Abnehmen oder um schönere Haut, sondern um ein ganzheitliches Wohlbefinden, das durch Ihre Gewohnheiten und Überzeugungen von innen nach außen strahlt. *Das haben Sie verdient!*

Gehen Sie selbstbewusst und strahlend durch die Welt!

Ich hoffe, Sie hatten Freude an meinem Programm. Bleiben Sie gern über meine Website, über Facebook, Twitter oder Instagram mit mir in Kontakt, und berichten Sie mir von Ihren Fortschritten.

Alles Liebe,

Madeleine

Beispiel für einen Wochenplan

	Montag	Dienstag	Mittwoch
Frühstück	Overnight-Bircher-Müsli (Seite 70)	Rührei mit Pesto und Avocado (Seite 72)	Blitzschnelle Chia-Bananen-Creme (Seite 93)
Mittagessen	Räucherlachs-Salat mit Avocadopüree (Seite 149)	Ente mit Orange und gebratenem Chicorée (Seite 166)	Gebratene Meerforelle mit Rote-Bete-Birnen-Salat (Seite 168)
Snack	1 Energie-Riegel mit Körnern (Seite 112)	1 Spirulina-Kugel (Seite 102)	Pekannüsse mit Rosmarin (Seite 111)
Abendessen	Ente mit Orange und gebratenem Chicorée *(eine Portion zum Mittag am nächsten Tag kochen)* (Seite 166)	Gebratene Meerforelle mit Rote-Bete-Birnen-Salat *(eine Portion zum Mittag an nächsten Tag kochen)* (Seite 168)	Warmer Grünkohlsalat mit Kichererbsen und Orangen *(eine Portion zum Mittag an nächsten Tag kochen)* (Seite 150)

Donnerstag	Freitag	Samstag	Sonntag
Mandelpfannkuchen mit gebratener Banane und Walnüssen (Seite 74)	Roher Buchweizen-Beeren-Porridge (Seite 80)	Quinoa mit Roter Bete und pochiertem Ei (Seite 88)	Spiegeleier mit Bacon und gebackenen Tomaten (Seite 90)
Warmer Grünkohlsalat mit Kichererbsen und Orangen (Seite 150)	Fischpäckchen mit Blumenkohl-Reis und Mangold (Seite 171)	Salat-Wraps mit mexikanischem Hack und frischer Salsa (Seite 197)	Kürbissuppe mit Kokos *(größere Menge für die Woche kochen)* (Seite 122)
Guacamole mit Rote-Bete-Rosmarin-Crackern (Seite 106)	1 Protein-Kugel (Seite 103)	1 Rohschokoladen-Kugel (Seite 102)	1 roter Schoko-Cupcake mit Kokossahne (Seite 220)
Fischpäckchen mit Blumenkohl-Reis und Mangold *(eine Portion zum Mittag an nächsten Tag kochen)* (Seite 171)	Kichererbsen-Linsen-Dal mit Kokos-Blumenkohl-Reis (Seite 194)	Steak mit Pastinakenstiften (Seite 160)	Lammhachse aus dem Slowcooker (Seite 190)

Rezepte

Frühstück

Overnight-Bircher-Müsli

Für 2 Personen

150 g glutenfreie
  Haferflocken
300 ml Mandelmilch
  und etwas Mandel-
  milch zum Servieren
1 Prise Salz
Mark von
  ½ Vanilleschote
2 TL Zimt
1 TL Kokosöl
50 g Kürbiskerne
1 grüner Apfel
1 TL Honig (nach
  Belieben)
50 g Naturjoghurt

*Hält sich 1-2 Tage
im Kühlschrank.*

Bircher Müsli habe ich in Sydney lieben gelernt. Dieses Rezept ist ganz einfach, Sie müssen nur daran denken, es am Vorabend vorzubereiten, damit die Haferflocken einweichen können. Statt Mandelmilch können Sie auch andere Milch oder Apfelsaft verwenden, und Früchte der Saison sorgen rund ums Jahr für Abwechslung. In einem Schraubglas können Sie das Müsli zur Arbeit mitnehmen. Es wird vielleicht etwas weicher, aber es schmeckt trotzdem großartig.

Am Vorabend die Haferflocken in einer Schüssel mit Milch, Salz und Vanillemark mischen. Über Nacht in den Kühlschrank stellen.

Zimt, Kokosöl und Kürbiskerne in eine Pfanne geben und bei schwacher Hitze einige Minuten rösten. Abkühlen lassen, abdecken und zur Seite stellen.

Am Morgen die Haferflocken aus dem Kühlschrank nehmen. Den Apfel darauf raspeln, nach Geschmack mit Honig süßen, einen Klecks Joghurt darauf setzen und mit der gerösteten Körnermischung bestreuen.

Rührei mit Pesto und Avocado

Für 1 Person

3 Eier
50 ml Milch
1 EL Kokosöl oder
  Butter

Pesto
1 Bio-Zitrone
1 Knoblauchzehe
40 g Walnuss-
  kerne und einige
  Walnusskerne zum
  Bestreuen
3 Handvoll Basilikum,
  fein gehackt
6 EL natives Olivenöl
  extra
½ Avocado, in Schei-
  ben geschnitten,
  zum Servieren
Salz und Pfeffer

*Reste des Pestos halten
sich im Kühlschrank
etwa eine Woche. Lecker
im Salat oder zu Eiern.*

Dieses selbst gemachte Pesto schmeckt herrlich frisch und passt perfekt zu Eiern. Ich habe Walnusskerne verwendet, aber Pinienkerne oder Cashews eignen sich ebenso gut. Achten Sie bei Eiern auf Stichwörter wie »Freiland« oder »Bio«! Je besser die Qualität der Eier, desto mehr profitiert Ihre Gesundheit.

Für das Pesto von der Hälfte der Zitrone die Schale abreiben und den Saft auspressen. Die andere Hälfte in Spalten teilen und zur Seite stellen. Im Standmixer oder in der Küchenmaschine Knoblauch, Walnusskerne, Zitronenschale und Basilikum pürieren. Bei laufendem Motor langsam Olivenöl und Zitronensaft zugießen.

Eier und Milch mit Salz verquirlen. Kräftig mit frisch gemahlenem schwarzen Pfeffer würzen. Kokosöl oder Butter in einer großen Pfanne bei mittlerer Temperatur 1 Minute erhitzen. Auf schwache Hitze herunterschalten, die Eiermischung in die Pfanne gießen und 15 Sekunden stocken lassen.

Die gestockte Eiermischung mit einem Kochlöffel oder Spatel vom Rand zur Mitte schieben und 2 EL Pesto unter die Eier heben. Unter gelegentlichem Rühren noch 1 Minute braten, bis die Eier gar sind.

Mandelpfannkuchen mit gebratener Banane und Walnüssen

Ergibt 9 Pfannkuchen

200 g gemahlene
   Mandeln
1 TL Backpulver
1 kleine Prise Salz
2 Eier, leicht verquirlt
180 ml Mandelmilch
   (oder andere Milch
   nach Belieben)
2 EL Kokosöl
2 Bananen
1 TL Zimt und mehr
   zum Bestreuen
50 g Walnusskerne,
   fein gehackt
Heidelbeeren und
   Honig zum Servieren

Der Teig hält sich im Kühlschrank einige Tage, Sie können also mehrmals Pfannkuchen backen.

Pfannkuchen sind ein großartiges Wochenend-Frühstück, und diese können Sie ohne schlechtes Gewissen genießen. Die Mandeln im Teig sind reich an Vitamin E, das die Haut zum Strahlen bringt. Die Bananen steuern eine Portion Kalium bei, die auch nach dem Sport guttut.

In einer Schüssel gemahlene Mandeln, Backpulver und Salz mischen. In einer zweiten Schüssel Eier und Milch verquirlen. Langsam die Mandelmischung zur Eiermilch geben. Kräftig verrühren, dann 20 Minuten (oder bis zu 12 Stunden) in den Kühlschrank stellen.

Das Kokosöl in einer Pfanne bei mittlerer Temperatur 1 Minute erhitzen. Den Teig aus dem Kühlschrank nehmen und etwa 60 ml in die Pfanne geben. Die Unterseite goldbraun backen (etwa 3 Minuten), dann wenden und die andere Seite etwa 1 Minute backen. Den restlichen Teig ebenso verarbeiten. Fertige Pfannkuchen stapeln und warm halten.

Die Bananen schälen, längs halbieren und in der Mitte auseinanderschneiden. In einer anderen Pfanne 1 EL Kokosöl mit dem Zimt bei mittlerer Temperatur 1 Minute erhitzen. Die Bananenhälften im heißen Fett von jeder Seite 2 Minuten goldbraun braten.

Die Pfannkuchen mit Bananen, Walnusskernen und Heidelbeeren belegen, mit Honig beträufeln und mit etwas Zimt bestreuen.

Schoko-Granola ohne Getreide

Dies ist ein Superfrühstück für alle Müslifans! Bereiten Sie doch sonntags gleich eine große Portion für die ganze Woche vor. Zucker wird nicht zugesetzt, die natürliche Süße von Bananen und Nüssen genügt völlig. Mit köstlicher Milch und frischen Beeren ein echter Genuss!

Den Backofen auf 180 °C vorheizen.

Die Nüsse und Kerne im Standmixer 20 Sekunden zerkleinern – nicht zu fein, sie sollen noch Biss haben.

Ein Backblech mit Backpapier belegen und die Nüsse darauf verteilen.

Inzwischen Banane, Ingwer, Zimt, Kakao und Kokosöl im Standmixer zu einer Paste verarbeiten. Auf die Nüsse geben und gründlich mischen.

20 Minuten im Ofen backen, bis die Mischung knusprig ist. Herausnehmen und abkühlen lassen, dann mit Orangenabrieb bestreuen.

In Schälchen füllen und mit Mandelmilch und frischen Beeren servieren.

Ergibt 5 Portionen

150 g ganze Haselnüsse
150 g Mandeln
150 g Walnusskerne
150 g Sonnenblumenkerne
1 Banane
1 TL gemahlener Ingwer
1 TL Zimt
2 EL Rohkakaopulver
1 EL Kokosöl
abgeriebene Schale von 1 Bio-Orange
Mandelmilch und Beeren zum Servieren

Hält sich in einem luftdicht schließenden Behälter mehrere Wochen. Sie können es also gut auf Vorrat zubereiten.

Erbsen-Dill-Omelett
mit Räucherlachs

Omeletts sind toll, weil sie je nach Füllung immer anders schmecken. Dieses bekommt durch Lachs und frischen Dill eine skandinavische Note. Träufeln Sie zum Schluss Zitronensaft darüber. Er schmeckt schön frisch und reguliert den Säuren-Basen-Haushalt des Körpers.

Für 1 Person
1 EL Butter oder Kokosöl
½ kleine weiße Zwiebel, fein gehackt
1 kleine Handvoll Erbsen (TK)
2 Eier
1 TL frisch gehackter Dill
100 g Räucherlachs, in Streifen geschnitten
½ Bio-Zitrone, in Spalten geschnitten
Salz und Pfeffer

½ EL Butter oder Kokosöl in einer flachen Pfanne 1 Minute erhitzen. Die Zwiebel darin 5 Minuten bei mittlerer Hitze braten. Die Erbsen zufügen und 1 Minute mitbraten. Das Gemüse auf einen Teller geben und zur Seite stellen.

Die Eier in einer Schüssel schaumig schlagen. Den restlichen ½ EL Butter oder Kokosöl bei mittlerer Hitze in der Pfanne 1 Minute erhitzen.

Die Eier in die Pfanne gießen und bis an den Rand verlaufen lassen. Nach 30 Sekunden mit einem Kochlöffel vom Rand zur Mitte schieben, sodass flüssiges Ei in die Lücken fließen kann. Dill, 1 Prise Salz, Zwiebeln und Erbsen auf der Eimasse verteilen. Das Omelett zusammenklappen und weitere 30 Sekunden garen. Mit frisch gemahlenem schwarzem Pfeffer bestreuen und mit Räucherlachsstreifen und Zitronenspalten servieren.

Roher Buchweizen-Beeren-Porridge

Dieses Frühstück ist eine Wonne. Ich liebe die weiche Konsistenz, weil sie so gut zur herben Zitrusschale und dem Zimt passt. Den Porridge können Sie gut vorbereiten oder mit zur Arbeit nehmen. Da er ungekocht ist, geht nichts von der hohen Nährstoffdichte seiner Zutaten verloren. Lassen Sie es sich schmecken!

Für 2 Personen

100 g Buchweizen
100 g Cashewkerne
50 g Erdbeeren, geputzt und in Scheiben geschnitten
abgeriebene Schale und Saft von 1 Bio-Orange
1 Msp. Vanillemark
1 TL Zimt
1 EL Honig

Zum Bestreuen
gemischte Beeren
Kürbiskerne (oder andere Körner nach Geschmack)
Kokosraspel
Zimt

Am Vorabend Buchweizen und Cashewkerne in separaten Schüsseln mit Wasser bedecken.

Am nächsten Morgen Buchweizen und Cashewkerne abgießen und im Standmixer mit den restlichen Zutaten zerkleinern.

Mit frischen Beeren, Kernen nach Geschmack, Kokosraspeln und etwas Zimt servieren.

Toast mit Ziegenkäse, Erbsen und Minze

Diese Art von Frühstück habe ich in Sydney kennengelernt. Es ist in Minuten fertig und ebenso schnell verputzt. Ziegenkäse ist leichter verdaulich als andere Käsearten. Er enthält viel Vitamin D, K und A und passt hervorragend zu frischer Minze und Erbsen. Das leckere Frühstück wird Sie begeistern.

Für 2 Personen
abgeriebene Schale und Saft von 1 Bio-Zitrone
150 g Ziegenfrischkäse
1 EL frisch gehackte Minze
100 g Erbsen (TK)
2 Scheiben glutenfreies Brot, Quinoa-Brot (s. S. 96)
  oder Roggenbrot, getoastet
20 g Brunnenkresse
Salz und Pfeffer

Abgeriebene Zitronenschale und -saft mit Ziegenkäse, Minze, Erbsen, 1 Prise Salz und frisch gemahlenem Pfeffer mischen. Einige Minuten stehen lassen, damit die Erbsen auftauen und sich die Aromen entfalten. Dann auf dem Toast verteilen und mit reichlich Brunnenkresse garnieren.

Chia-Himbeer-Konfitüre

Nichts geht über selbst gemachte Konfitüre, und diese ist auch noch supergesund. Die Chia-Samen dienen als Bindemittel, die der Mischung ihre cremige Konsistenz geben. Süß, fruchtig, umwerfend!

Ergibt etwa 200 g

200 g Himbeeren
1 EL Honig
1 Msp. Vanillemark
2½ EL Chia-Samen

Himbeeren, Honig und Vanillemark im Standmixer glatt pürieren. In eine Schüssel geben und die Chia-Samen von Hand kräftig unterrühren.

Die Mischung in ein Marmeladenglas füllen und zum Festwerden 15 Minuten in den Kühlschrank stellen. Auf Quinoa-Brot (siehe Seite 96), glutenfreies Brot oder Roggenbrot streichen.

Die Marmelade hält sich im Kühlschrank 4 Tage.

Schoko-Haselnuss-Crêpes

Für 2–3 Personen (etwa 6 Crêpes)

Schoko-Hasel-
nuss-Creme
300 g ganze Hasel-
   nüsse ohne Haut
1 EL Kokosöl
4 EL Rohkakaopulver
1 Prise Salz
75 g Kokoszucker

Crêpes
4 Eier
225 ml Mandelmilch
   (oder andere Milch
   nach Belieben)
125 g Buchweizenmehl
1 Prise Salz
1 EL Kokosöl
3 EL geröstete
   Kokosflocken zum
   Servieren

Der Teig hält sich im Kühlschrank einige Tage, Sie können also mehrmals Crêpes backen.

Die Schokocreme kann 1 Woche im Kühlschrank aufbewahrt werden.

Ich liebe Crêpes zum Frühstück. Dieses Rezept erinnert mich an Paris, und es wird auch Männer überzeugen, dass gesundes Essen köstlich sein kann. Die Kokos-Haselnuss-Mischung ist herrlich cremig (fast wie »Nutella«) und hat durch den Kokoszucker ein feines Karamellaroma. Es kommt vor, dass ich abends den Finger ins Glas tunke.

Den Backofen auf 150 °C vorheizen.

Für die Schoko-Haselnuss-Creme die Haselnüsse auf einem Backblech verteilen und 15 Minuten rösten. Gut aufpassen, sie verbrennen leicht. Die Nüsse im Standmixer mit dem Kokosöl 5 Minuten zerkleinern. Rohkakao, Salz und Kokoszucker zugeben und weitere 5–10 Minuten mixen, bis die Masse cremig ist.

Für die Crêpes Eier und Milch in einer großen Schüssel verrühren. Langsam das Mehl darauf sieben und zuletzt das Salz zugeben. Sorgfältig verrühren.

Das Kokosöl in einer Pfanne bei mittlerer Temperatur erhitzen. Die Pfanne schwenken, um das Öl auf dem Boden zu verteilen.

Etwa 50 ml Teig in die Pfanne gießen und gleichmäßig verteilen. Wenn die Ränder fest werden und sich hochbiegen (nach etwa 1 Minute), die Crêpe wenden und einige EL Schokocreme in die Mitte setzen. Verteilen, aber am Rand ringsherum einige Zentimeter frei lassen. 30 Sekunden garen, dann zur Hälfte falten.

Den restlichen Teig ebenso verarbeiten. Zum Servieren mit gerösteten Kokosflocken bestreuen.

Quinoa mit Roter Bete und pochiertem Ei

Pochieren ist eine feine Art, Eier zuzubereiten. Ich mag sie gern so weich, dass das Eigelb auf dem Teller zerfließt. Kennen Sie Rote Bete nur sauer eingelegt? Probieren Sie sie einmal roh geraspelt! Durch Quinoa und Eier ist dieses Frühstück reich an Proteinen. Danach werden Sie nicht zu bremsen sein.

Für 1 Person

75 g Quinoa, abgespült
2 Prisen Salz
1 TL Apfelessig
2 Eier
1 kleine Rote Bete, geraspelt
3 EL natives Olivenöl extra
1 EL frisch gehackter Schnittlauch
Chia-Samen und Kürbiskerne zum Bestreuen (nach Belieben)

Die Quinoa mit 125 ml Wasser und 1 Prise Salz in einen Topf geben. Zum Kochen bringen, dann die Hitze reduzieren und 12–15 Minuten leicht köcheln lassen, bis die Quinoa das Wasser aufgesaugt hat.

Etwa 200 ml Wasser in einem kleinen Topf zum Kochen bringen (es muss mindestens 2,5 cm hoch stehen). Apfelessig und 1 Prise Salz zugeben. Die Eier einzeln in Ramequin-Förmchen schlagen und ins kochende Wasser gleiten lassen. 2–3 Minuten pochieren, dann mit einem Schaumlöffel herausheben.

Die Quinoa mit geraspelter Roter Bete, Olivenöl und Schnittlauch mischen. Die pochierten Eier darauf anrichten und, wenn Sie Lust auf eine Extraportion Omega-3 haben, mit Chia-Samen und Kürbiskernen bestreuen.

Spiegeleier mit Bacon und gebackenen Tomaten

Manche Leute halten Spiegeleier für ungesund. Das mag zutreffen, wenn sie in Pflanzenöl gebraten werden, aber diese werden in gesundem Kokosöl gegart. Die gebackenen Tomaten platzen förmlich aus der Haut, und sie schmecken wunderbar zum salzigen Bacon und dem saftigen Eigelb.

Für 1 Person
1 Rispe Kirschtomaten
2 EL Kokosöl oder Butter, zerlassen
1 TL getrockneter Oregano
2 Eier
2 Scheiben Bacon
Salz und Pfeffer

Den Backofen auf 180 °C vorheizen. Die Tomaten (an der Rispe) in einen Bräter legen. Mit 1 EL Kokosöl oder Butter bestreichen, mit dem Oregano bestreuen und im Backofen 10–12 Minuten garen.

Den restlichen EL Kokosöl oder Butter in einer Pfanne bei hoher Temperatur 1 Minute erhitzen. Die Eier ins Fett schlagen, einen Deckel auflegen und 1–2 Minuten garen – je nachdem, ob Sie sie weich oder durchgebraten mögen.

Den Bacon in einer Grillpfanne nach Geschmack braten. Alles zusammen auf einen Teller geben und mit 1 Prise Salz und frisch gemahlenem Pfeffer bestreuen.

Blitzschnelle
Chia-Bananen-Creme

Unglaublich einfach, aber herrlich raffiniert! Sie brauchen nur drei Zutaten für diese Creme, die mit einer Extraportion Omega-3-Fettsäuren die Haut zum Strahlen bringt. Chia-Samen sind hydrophil und können sehr viel Wasser aufnehmen – ideal für den Feuchtigkeitsgehalt der Haut. Die Creme schmeckt als leichtes Frühstück, als Dessert oder zwischendurch.

Für 1 Person
1 vollreife Banane, grob gehackt
100 ml Kokosmilch
2 EL Chia-Samen

Banane und Kokosmilch im Standmixer 2 Minuten pürieren. In eine Schüssel umfüllen und die Chia-Samen einrühren. 10 Minuten stehen lassen, zwischendurch mehrmals umrühren. Dann zum Festwerden in den Kühlschrank stellen.

Gefaltetes Ei mit Spargel und Zitronensalsa

Für 1 Person

70 g grüner Spargel
2 Eier
30 ml Mandelmilch
oder andere Milch
nach Belieben
1 EL Kokosöl oder
Butter

Zitronensalsa
abgeriebene Schale und
Saft von 1 Bio-Zitrone
1 EL frisch gehackte
Minze
¼ rote Zwiebel, fein
gehackt
1 EL natives Olivenöl
extra
Salz und Pfeffer

Seit ich diese Technik der Eierzubereitung entdeckt habe, bin ich begeistert von der samtigen Konsistenz. Je liebevoller Sie die Eier behandeln, desto besser werden sie (wie Männer …). Verwenden Sie nur Freiland- oder Bio-Eier mit goldgelbem Dotter, denn darin stecken die wertvollen Mineralien und Nährstoffe. Mit diesem leichten Frühstück mit Spargel und Zitronensalsa starten Sie gut in den Tag!

Die holzigen Enden der Spargelstangen abschneiden. Die Stangen mit den Köpfen nach oben in einen kleinen Topf mit etwas kochendem Wasser stellen und 5 Minuten garen.

Für die Salsa abgeriebene Zitronenschale und -saft in einer Schüssel mit Minze, Zwiebel und Olivenöl mischen. Frisch gemahlenen Pfeffer und etwas Salz unterrühren. Über den gegarten Spargel gießen.

In einer Schüssel Eier und Milch mit je 1 Prise Pfeffer und Salz verquirlen. Kokosöl oder Butter bei mittlerer Hitze in einer Pfanne 2 Minuten erhitzen. Die Hitze etwas reduzieren und die Eiermilch hineingießen. 15 Sekunden stocken lassen, dann den äußeren Rand mit einem Spatel zur Mitte umklappen, sodass flüssiges Ei in die Lücken fließen kann.

Ringsherum wiederholen. Die gestockte Eiermasse soll glatt und gefaltet aussehen, nicht wie ein Rührei. 1 Minute fortfahren, bis das Ei gar ist. Mit Spargel und Salsa servieren.

Quinoa-Brot

Wie gut, wenn man glutenfreies Brot zur Hand hat! Hier steuert die Quinoa Proteine bei, und die Pekannüsse liefern eine großzügige Portion Selen und Vitamin E für schöne Haut.

Für 6 Personen

300 g Quinoa, Hafer- oder Buchweizenflocken
200 g Pekannüsse
150 g Sonnenblumenkerne und
  10 g Sonnenblumenkerne zum Bestreuen
¾ EL Meersalz
1 EL Chia-Samen
3 EL Kokosöl, zerlassen, und etwas Kokosöl zum Einfetten

Den Backofen auf 180 °C vorheizen.

Alle trockenen Zutaten in einer Schüssel mischen, dann langsam 500 ml Wasser zufügen und das Kokosöl unterrühren.

Eine Kastenform (1 l Fassungsvermögen) mit Kokosöl einfetten. Den Teig in die Form geben und im vorgeheizten Ofen 40 Minuten backen. Das Brot aus der Form nehmen und weitere 40 Minuten auf einem Backblech backen, damit es ringsherum eine schöne Kruste bekommt.

Das Brot auf einem Küchengitter abkühlen lassen, dann in Scheiben schneiden und genießen.

Grüner Frühstücks-Smoothie

Für 1 Person

1 reife Avocado
250 ml Nussmilch
  oder andere Milch
  nach Belieben
Saft von 1 Limette
¼ Salatgurke
20 g Cashewkerne

Avocado ist reich an Vitamin E, das der Haut guttut. Die Kombination aus frisch-säuerlicher Limette und cremiger Nussmilch schmeckt wunderbar frisch. Da werden Sie garantiert munter.

Alle Zutaten im Standmixer fein pürieren.

Sie können den Smoothie am Vorabend zubereiten. Er hält sich einen Tag im Kühlschrank.

Frühstücks-Smoothie-Bowl

Für 1 Person

1 gefrorene Banane
  (geschält und
  am Vorabend
  eingefroren)
50 g gefrorene
  Heidelbeeren
250 ml Nuss-
  milch, Reismilch,
  Kokosmilch oder
  Kokoswasser
Mark von ½ Vanille-
  schote oder 1 TL
  Vanillepulver
je 1 EL Chia-Samen,
  Kürbiskerne und
  Kokosraspel zum
  Bestreuen

Ich liebe diesen vielseitigen Smoothie. Er ist so sämig, dass man ihn auch löffeln kann. Durch die eingefrorene Banane bekommt er eine Konsistenz, die an Eiscreme erinnert – aber ohne schlechtes Gewissen. Die natürliche Süße der Vanille passt perfekt zu der interessanten Mischung von Banane und Heidelbeeren.

Banane, Heidelbeeren, Milch oder Kokoswasser und Vanille im Standmixer fein pürieren. In ein Glas oder eine Schale umfüllen und mit Samen, Kernen und Kokosraspeln bestreuen. Sofort genießen.

Snacks

Rohe Superfood-Kugeln

Ergibt 10–12 Kugeln

100 g Cashewkerne
150 g Kürbiskerne
1 winzige Prise Salz
1 TL Zimt
1 TL Spirulina
200 g Medjool-Datteln,
  entsteint
2 EL Kokosöl
abgeriebene Schale von
  1 kleinen Bio-Orange

Spirulina-Kugeln

Spirulina ist ein Superfood. Die Algen stecken voller Betakarotin, Eisen, Kalzium, Magnesium, B-Vitamine, Chlorophyll und noch viel mehr. Zusammen mit Datteln, Zimt und Kokosnuss schmecken die hochwirksamen Algen auch noch superlecker.

Cashews und Kürbiskerne im Standmixer 1 Minute zerkleinern, dann die restlichen Zutaten zugeben und alles zu einer Paste verarbeiten. Aus der Masse kleine Kugeln rollen und zum Festwerden 1 Stunde in den Kühlschrank stellen.

Im Kühlschrank halten sich die Kugeln 2 Wochen.

Ergibt 10–12 Kugeln

100 g ganze Haselnüsse
100 g Kokosraspel
100 g frische Datteln,
  entsteint
50 g Rohkakaopulver
3 EL Kokosöl
1 winzige Prise Salz

Rohschokoladen-Kugeln

Dies ist ein Klassiker. Bereiten Sie am besten sonntags einen Wochenvorrat zu! Ich finde, durch etwas Salz kommt der Schokoladengeschmack besser zur Geltung, und die Kokosraspel geben den Kugeln eine exotische Note.

Die Nüsse im Standmixer 1 Minute zerkleinern. Die restlichen Zutaten zufügen und alles 3–4 Minuten gründlich mixen. Aus der Masse Kugeln rollen, 20 Minuten ins Gefrierfach legen, dann im Kühlschrank aufbewahren.

Im Kühlschrank halten sich die Kugeln 2 Wochen.

Sportler-Kugeln

Es ist wichtig, nach dem Sport etwas zu essen. Das Proteinpulver hilft den Muskeln, sich schnell zu erholen. So sind Sie am nächsten Tag wieder fit für das Training.

Alle Zutaten im Standmixer 3–4 Minuten gründlich zerkleinern. Aus der Masse Kugeln rollen, 20 Minuten ins Gefrierfach stellen, dann im Kühlschrank aufbewahren.

Im Kühlschrank halten sich die Kugeln 2 Wochen.

Ergibt 8–10 Kugeln

50 g Erdnussmus
100 g Kokosraspel
100 g Datteln, entsteint und grob gehackt
2 EL Rohprotein-Pulver
1 TL Zimt
Mark von ½ Vanilleschote oder 1 TL Vanillepulver

Protein-Kugeln

Diese Kugeln liefern jede Menge Energie. Sie enthalten Maca, ein Superfood, das neben der Vitalität auch die Libido stärkt. Gesüßt werden sie mit etwas Honig, der reich an Antioxidantien ist. Ideal für zwischendurch, wenn Sie einen Energieschub brauchen.

Haferflocken und Mandeln im Standmixer 1–2 Minuten zerkleinern. Kakao, Maca und Salz zufügen und 1 Minute mixen. Honig, Mandelmus und Kokosöl zugeben und nochmals gründlich mixen. Aus der Masse Kugeln rollen und zum Festwerden einige Stunden in den Kühlschrank stellen.

Im Kühlschrank halten sich die Kugeln 2 Wochen.

Ergibt 12–14 Kugeln

100 g Haferflocken
150 g Mandeln
50 g Rohkakaopulver
1 EL Maca-Pulver
1 Prise Salz
3 EL Honig
100 g Mandelmus
2 EL Kokosöl

Spirulina-
Kugeln

Rohschokoladen-
Kugeln

Sportler-
Kugeln

Protein-
Kugeln

Guacamole mit Rote-Bete-Rosmarin-Crackern

Ich versuche, Avocado für so viele Rezepte wie möglich zu verwenden. Diese Guacamole hat Pep durch Cayennepfeffer und Chili, und die Limette gibt ihr eine mexikanische Note. Sie schmeckt auch zum Frühstück auf Toast. Weil gute Cracker, die weder Weizen noch Zucker enthalten, schwer zu finden sind, habe ich mir selbst ein Rezept überlegt. Sie passen zu jedem Dip.

Für 4 Personen
2 Avocados
Saft von 2 Limetten
1 gute Prise Meersalz
1 TL Chiliflocken
1 Prise Cayennepfeffer (oder nach Belieben)
1 EL natives Olivenöl extra

Die Avocado aufschneiden und das Fruchtfleisch auslösen. Mit den restlichen Zutaten, bis auf das Olivenöl, in eine Schüssel geben und mit einer Gabel vorsichtig zerdrücken.

Mit Olivenöl beträufeln und nach Geschmack mit Cayennepfeffer bestreuen.

Die Guacamole hält sich im Kühlschrank 2 Tage.

Rosmarin-Cracker

Ergibt etwa 30 Stück

1 kleine Rote Bete
150 g Reismehl, Buchweizenmehl oder gemahlene Mandeln
1 EL getrockneter Rosmarin
1 TL Salz
1 TL frisch gemahlener schwarzer Pfeffer
2 Eier
3 EL Kokosöl oder Butter, zerlassen und abgekühlt

Den Backofen auf 180 °C vorheizen. Die Rote Bete schälen und raspeln. 1 EL Saft ausdrücken und in eine Schüssel geben.

Mehl oder gemahlene Mandeln, Rote-Bete-Saft, Rosmarin, Salz und Pfeffer in einer Schüssel gut mischen.

Die Eier in einer anderen Schüssel mit dem zerlassenen, abgekühlten Kokosöl oder der Butter verrühren. Die Eiermischung zu den trockenen Zutaten geben und zu einem Teig vermengen. Wenn er zu trocken ist, etwas Wasser unterkneten.

Ein großes Backblech mit Backpapier auslegen. Ein zweites Stück Backpapier gleicher Größe bereitlegen. Den Teig zwischen den Papierlagen zu einem Quadrat von 30 cm Kantenlänge ausrollen.

Den Teig mit einem scharfen Messer in 24 Rechtecke schneiden und diese etwas auseinanderrücken, damit sie separat backen.

7–8 Minuten backen, dann wenden und weitere 7 Minuten backen, bis sie knusprig und goldbraun sind.

Süßkartoffel-Dip

Guacamole mit
Rote-Bete-Rosmarin
Crackern

Süßkartoffel-Dip

Dieser Dip ist der Wahnsinn: cremig, würzig und super-gesund! Von pochierten Eiern bis zu Crackern – er passt einfach zu allem.

Ergibt etwa 250 g

250 g Süßkartoffeln, geschält und in 2,5 cm große Stücke geschnitten
2 TL gemahlener Ingwer
4 TL Kokoscreme
2 EL Tahin (Sesammus)
2 TL glutenfreie Tamari oder Sojasauce
2 EL Sesamsamen
Salz und Pfeffer

Die Süßkartoffeln in etwa 100 ml Wasser mit 1 Prise Salz 20 Minuten garen (oder bis sie weich ist). In einem Sieb abtropfen lassen, dabei die Flüssigkeit auffangen.

Süßkartoffeln, Ingwer, Kokoscreme, Tahin und Tamari oder Soja-sauce im Standmixer glatt pürieren. Falls nötig, etwas Kochflüssigkeit untermischen.

Den Sesam 1 Minute in einer Pfanne ohne Fett rösten, dabei ständig rühren, damit die Körner nicht verbrennen. Die Süßkartoffelcreme in eine Schüssel füllen. Mit geröstetem Sesam und frisch gemahlenem Pfeffer bestreuen. Abkühlen lassen, dann in den Kühlschrank stellen.

Gekühlt mit Gemüsestiften zum Dippen servieren (Foto auf Seite 109).

Pekannüsse mit Rosmarin

Diese Nüsse mit frischem Rosmarin und geräuchertem Paprikapulver schmecken als Knabberei anstelle einer Vorspeise, man kann sie aber auch über Suppen und Salate streuen. Sie passen einfach zu allem.

Ergibt etwa 200 g

1 EL Kokosöl
200 g Pekannüsse
1 TL Salz
2 EL frisch gehackter Rosmarin
1 TL geräuchertes Paprikapulver (Pimentón de la Vera)

Den Backofen auf 160 °C vorheizen.

Das Kokosöl bei schwacher Hitze zerlassen. Alle anderen Zutaten in einer Schüssel vermengen, mit dem flüssigen Öl übergießen und gut mischen, damit die Gewürze an den Nüssen haften.

Die Nüsse auf einem Backblech verteilen und 25 Minuten im Ofen rösten. Nach der Hälfte der Zeit einmal umrühren, damit sie gleichmäßig braun werden. Vor dem Servieren abkühlen lassen.

Energie-Riegel mit Körnern

Meine Riegel enthalten keine Nüsse. Sie liefern viel Energie und sättigen anhaltend. Körner und kalziumreiche Sesampaste geben ihnen eine interessante Konsistenz. Da hat das Nachmittagstief keine Chance mehr.

Ergibt 12 Riegel

1 reife Banane
2 EL Kokosöl und etwas Kokosöl zum Einfetten
4 EL Tahin (Sesammus)
1 Prise Salz
1 TL Zimt
100 g Kürbiskerne
100 g Sonnenblumenkerne
2 EL Chia-Samen
4 EL Sesamsamen

Banane, Kokosöl, Tahin, Salz und Zimt im Standmixer zu einer Paste pürieren. Die restlichen Zutaten zufügen und 1 Minute mixen. Eine flache, eckige Backform mit Kokosöl einfetten. Die Masse darin verteilen und 1 Stunde ins Gefrierfach legen. Danach in Riegel schneiden und im Kühlschrank aufbewahren.

Die Riegel halten sich im Kühlschrank 1 Woche.

Suppen und leichte Salate

Grüne Gazpacho

Diese Gazpacho schmeckt nach Sommer, und auch sonst stimmt alles: Sie ist leicht, gesund und milchfrei. Das frische Aroma von Gurke und Minze harmoniert bestens mit der sahnigen Kokosnuss. Mandelblättchen sorgen für den knackigen Biss.

Für 2–3 Personen

1 Salatgurke, grob gehackt
1 gelbe Paprikaschote, entkernt und grob gehackt
1 Knoblauchzehe, zerdrückt
2 Avocados, geschält, entkernt und grob gehackt
5 Frühlingszwiebeln, grob gehackt
1 Handvoll frische Minzeblätter und
  einige mehr zum Servieren
1 EL Apfelessig
200 ml Kokosmilch
2 EL Olivenöl
1 grüne Chilischote, entkernt
2 TL Meersalz
1 große Prise Pfeffer
1 TL Cayennepfeffer zum Servieren
2 EL Mandelblättchen zum Servieren

Alle Zutaten, bis auf Cayennepfeffer und Mandelblättchen, mit 200 ml Wasser im Standmixer glatt pürieren. Mit Cayennepfeffer und Mandelblättchen bestreuen und gekühlt servieren.

Sellerie-Pastinaken-Suppe mit Körnern

Die feine Suppe aus Wurzelgemüse schmeckt cremig-mild. Sie steckt voller Nährstoffe, und die Körnermischung steuert noch wertvolle Omega-3-Fettsäuren bei.

Für 4–6 Personen
1 EL Kokosöl oder Butter
1 weiße Zwiebel, fein gehackt
2 Prisen Salz
3 große oder 5 kleine Pastinaken, geschält und grob gewürfelt
1 Sellerieknolle, geschält und grob gewürfelt
500 ml Knochen-, Hühner- oder Gemüsebrühe
1 Dose Kokosmilch (400 ml)
5 EL Kürbiskerne
2 EL Sesamsamen
1 EL Chia-Samen
2 TL Chiliflocken

Kokosöl oder Butter in einem großen Topf bei niedriger Temperatur 1 Minute erhitzen. Die Zwiebel und 1 Prise Salz zufügen und 1 Minute anschwitzen.

Pastinake und Sellerie zugeben und 3 Minuten anschwitzen, dann Brühe und Kokosmilch in den Topf gießen und nochmals mit 1 Prise Salz würzen. Zum Kochen bringen und 30 Minuten köcheln lassen. Die Suppe mit einem Stabmixer glatt pürieren.

Kerne, Samen und Chiliflocken in einer Schüssel mischen und unmittelbar vor dem Servieren auf die Suppe streuen.

Rote-Bete-Süßkartoffel-Suppe

Der erdige Geschmack dieser Suppe ist sehr angenehm. Ich koche oft am Anfang der Woche eine große Portion für mehrere Tage. Bestreut wird die Suppe mit frischem Dill und Walnusskernen, die reich an Omega-3-Fettsäuren sind.

Für 4 Personen

3 Süßkartoffeln, geschält und in mundgerechte Stücke geschnitten
3 Rote Beten, geschält und in mundgerechte Stücke geschnitten
2 EL Kokosöl, zerlassen
1 EL gemahlener Kreuzkümmel
1 Zwiebel, fein gehackt
500 ml Knochen-, Hühner- oder Gemüsebrühe
5 EL Walnusskerne, gehackt
10 g Dill, frisch gehackt
Salz und Pfeffer

Die Süßkartoffeln und Rote Bete mit 1 EL Kokosöl, dem Kreuzkümmel sowie je 1 Prise Salz und Pfeffer mischen.

1 EL Kokosöl in einem großen Topf bei mittlerer Temperatur 1 Minute erhitzen. Die Zwiebel darin mit 1 Prise Salz 5 Minuten anschwitzen. Süßkartoffeln und Rote Bete zugeben und 3 Minuten unter ständigem Rühren dünsten. Nicht anbrennen lassen. Brühe und 200 ml Wasser zugeben und 30 Minuten garen. Mit einem Stabmixer pürieren. Vor dem Servieren mit Walnusskernen und Dill bestreuen.

Kürbissuppe mit Kokos

Wenn der Sommer endet, freut mich vor allem eines: Die Suppensaison beginnt! Kochen Sie Brühe selbst oder kaufen Sie sie frisch – Sie werden den Unterschied schmecken. Diese Suppe möchten Sie garantiert häufiger kochen.

Für 6 Personen
1 Butternuss-Kürbis
2 EL Kokosöl oder Butter, zerlassen
1 Prise Meersalz
1 EL frische Rosmarinnadeln
1 weiße Zwiebel, fein gehackt
1 Dose Kokosmilch (400 ml)
250 ml kochendes Wasser, Hühner- oder Knochenbrühe
2 TL Chiliflocken zum Servieren

Den Backofen auf 200 °C vorheizen.

Den Kürbis halbieren. Die Schnittflächen mit 1 EL zerlassenem Kokosöl oder Butter und Meersalz einreiben. Die Hälften separat in Alufolie wickeln und im Backofen 30–40 Minuten garen.

Das Kürbisfruchtfleisch im Anschluss mit einem Löffel aus den Schalen schaben und zur Seite stellen. In einem Topf 1 EL Kokosöl oder Butter mit Rosmarin 1 Minute bei niedriger Temperatur erhitzen. Die gehackte Zwiebel 5 Minuten darin anschwitzen, dann Kokosmilch, Kürbis und kochendes Wasser oder Brühe zugeben. 10 Minuten bei schwacher Hitze kochen. Vor dem Servieren mit Chiliflocken bestreuen.

Linsensuppe mit Tomaten

Diese Suppe ist nährstoffreich und mit Zutaten aus dem Vorrat schnell gekocht. Ich verwende gern rote Linsen, weil sie nicht eingeweicht werden müssen und der Suppe eine wunderbare Konsistenz geben. Der Knoblauch sorgt für das pikante Aroma und stärkt obendrein das Immunsystem.

Für 2 Personen

1 TL gemahlener Kreuzkümmel
1 TL gemahlener Koriander
1 EL Kokosöl oder Butter
1 rote Zwiebel, fein gewürfelt
2 Knoblauchzehen, zerdrückt
100 g rote Linsen
300 ml Hühner- oder Gemüsebrühe
1 Dose gehackte Tomaten (400 g)
Naturjoghurt und frischer Koriander zum Servieren
Salz und Pfeffer

Kreuzkümmel und Koriander in einem großen Topf ohne Fett bei mittlerer Hitze 30 Sekunden rösten. Dann erst Kokosöl oder Butter zugeben. Die gewürfelte Zwiebel mit 1 Prise Salz zufügen und 5 Minuten anschwitzen.

Den Knoblauch zugeben und unter ständigem Rühren 1 Minute mitgaren, dann Linsen, Brühe und Tomaten zufügen. Die Suppe zum Kochen bringen und 20 Minuten garen. Am Ende der Garzeit mit Salz und Pfeffer abschmecken.

Jede Portion mit einem Klecks Joghurt garnieren und mit frisch gehacktem Koriander bestreuen.

Thai-Hühner-
suppe mit
gerösteten
Erdnüssen

Kürbis-
suppe mit
Kokos

Linsensuppe
mit Tomaten

Thai-Hühnersuppe mit gerösteten Erdnüssen

Für 2 Personen

1 EL Kokosöl
4 Hähnchen-Ober-
   keulen mit Haut und
   Knochen
1 TL frisch geraspelter
   Ingwer
1 Knoblauchzehe,
   zerdrückt
1 Süßkartoffel,
   geschält und in
   1 cm große Würfel
   geschnitten
2 EL rote Currypaste
1 TL geräuchertes
   Paprikapulver
   (Pimentón de la
   Vera)
1 Dose Kokosmilch
   (400 ml)
300 ml Hühnerbrühe
   oder Wasser
1 EL glutenfreie
   Tamari oder
   Sojasauce
Saft von 1 Limette
1 Handvoll Erdnüsse
200 g Zuckerschoten,
   halbiert
Salz und Pfeffer

Die scharfe Currypaste, die dieser Suppe ihren Kick gibt, passt wunderbar zur sahnigen Kokosmilch. Zucker-schoten sind mein Lieblingsgemüse. Sie steuern knacki-gen Biss und milde Süße bei.

Das Kokosöl in einem großen Topf bei mittlerer Temperatur erhitzen.

Das Fleisch mit 1 Prise Salz bestreuen und mit Ingwer und Knob-lauch einreiben. Im heißen Fett 10 Minuten von allen Seiten braun anbraten, dann aus dem Topf nehmen und zur Seite stellen.

Die Süßkartoffel im gleichen Topf 10 Minuten anbraten. Falls nötig, etwas mehr Kokosöl zugeben. Currypaste und geräucher-tes Paprikapulver zufügen und 1 Minute unter ständigem Rühren durchwärmen.

Kokosmilch und Brühe oder Wasser zugießen und zum Kochen bringen. Das Fleisch wieder in den Topf geben. Sojasauce oder Tamari zufügen. Die Suppe 10–15 Minuten köcheln lassen, bis das Fleisch gar ist. Mit dem Limettensaft abschmecken.

Die Erdnüsse in einer Pfanne ohne Fett hellbraun rösten. Die Zuckerschoten in die Suppe geben, mit Erdnüssen bestreuen und sofort servieren.

Vier tolle Dressings – geschüttelt, nicht gerührt

Salat wird erst durch ein Dressing richtig lebendig. Wenn Sie die richtigen Zutaten nehmen, ist es obendrein kerngesund. Apfelessig regt die Verdauung an und bringt die Haut zum Strahlen. Für alle Dressings geben Sie die Zutaten einfach in ein Marmeladenglas. Den Deckel fest zuschrauben, schütteln und fertig!

Jedes Dressing für 8 Portionen Salat

Klassisches Zitronendressing
8 EL Olivenöl
Saft von 1 Zitrone
1 Prise Salz

Apfelessig-Dressing
8 EL natives Olivenöl extra
3 EL Apfelessig
1 Prise Salz
1 Prise frisch gemahlener
  Pfeffer

French Dressing
8 EL Olivenöl
½ Knoblauchzehe, zerdrückt
1 Prise Salz
1 TL Dijon-Senf
2 EL Apfelessig

Honig-Senf-Dressing
8 EL natives Olivenöl extra
1 Prise Salz
1 TL Senf
1 EL flüssiger Honig

Genialer Grünkohlsalat

Für 2 Personen

1 EL Kokosöl
50 g Grünkohl (Kale),
   in feine Streifen
   geschnitten
100 g Spinat
4 Eier
3 EL Sesamsamen
1 Avocado
3 EL natives Olivenöl
   extra
1 EL Apfelessig
1 TL Dijon-Senf
1 Bio-Limette, in Spal-
   ten geschnitten, zum
   Servieren
Salz und Pfeffer

Für diesen Salat standen ausgiebige Frühstücke in Bondi Beach Pate. Avocado ist ein Supergemüse für die Haut, und Grünkohl steckt randvoll mit Vitaminen. Einen Teller voll und Sie werden sich gesund und beschwingt fühlen.

Das Kokosöl bei mittlerer Temperatur in einem Topf erhitzen. Den Grünkohl mit 1 Prise Salz 4 Minuten darin dünsten.

Den Spinat in einer Schüssel mit frisch aufgekochtem Wasser übergießen, dann auf einem Sieb abtropfen lassen. Mit dem Grünkohl mischen und zur Seite stellen.

Einen Topf zur Hälfte mit kochendem Wasser füllen. Die Eier einzeln hineinlegen, sie müssen ganz untertauchen. Nach Belieben weich (5 Minuten) bis hart (9 Minuten) kochen. Die Eier aus dem Topf nehmen, unter kaltem Wasser abschrecken und die Schale ringsherum vorsichtig mit einem Löffel anklopfen. Die Eier beim Pellen unter einen sanften, kalten Wasserstrahl halten.

Sesam und 1 Prise Salz mischen und auf einen Teller streuen. Die Eier in der Sesammischung wälzen.

Die Avocado halbieren, das Fruchtfleisch herauslösen und in Stücke schneiden. Olivenöl, Essig und Senf in einem Schraubglas durchschütteln.

Alle Zutaten auf zwei Teller verteilen. Limettenschnitze darüber ausdrücken, dann mit dem Dressing aus dem Glas beträufeln. Nach Belieben salzen und pfeffern.

Halloumi-Salat mit Grünkohl und Erdbeervinaigrette

Ich knete Grünkohl vor der Verarbeitung kräftig durch, weil die Blätter oft recht hart sind. Durch das Kneten werden sie mürbe, und das Eisen und die Vitamine können leichter aufgenommen werden. Der salzige Halloumi sättigt gut und bildet einen spannenden Kontrast zu den süß-säuerlichen Erdbeeren.

Für 2 Personen

2 EL Kokosöl
½ rote Zwiebel, in dünne Ringe geschnitten
100 g Grünkohl (Kale), Blätter geknetet und längs
  in Streifen geschnitten
1 Prise Salz
6 Erdbeeren, geputzt und fein gewürfelt
Saft von 1 Zitrone
1 EL Apfelessig
1 EL natives Olivenöl extra
200 g Halloumi, in 1 cm dicke Scheiben geschnitten
2 EL Sesamsamen zum Servieren

1 EL Kokosöl in einem großen Wok bei hoher Temperatur 1 Minute erhitzen. Die Zwiebel darin 3 Minuten anbraten, dann Grünkohl und 1 Prise Salz zugeben und 3 Minuten unter ständigem Rühren braten.

Die Erdbeeren mit 2 EL Wasser, Zitronensaft, Essig und Olivenöl in einem Topf bei schwacher Hitze erwärmen. Zu einem Püree zerdrücken und in ein kleines Schraubglas füllen. Abkühlen lassen.

Den restlichen EL Kokosöl in einer Pfanne bei hoher Temperatur erhitzen. Den Käse darin von jeder Seite 1 Minute braten. Den Grünkohl auf zwei Teller verteilen. Den Käse darauf anrichten. Mit dem Dressing beträufeln und mit Sesam bestreuen.

Knackiger Brokkoli

**Für 4 Personen
als Beilage**

300 g junger Sprossen-
brokkoli
1 EL Kokosöl
3 EL natives Olivenöl
extra
abgeriebene Schale
und Saft von
1 Bio-Zitrone
1 TL Chiliflocken
3 EL Kürbiskerne
3 EL Goji-Beeren
Salz und Pfeffer

In dieser Gemüsebeilage kommt Brokkoli einmal ganz anders daher: mit knackigem Biss und kombiniert mit echtem Superfood. Es ist nicht neu, dass Brokkoli gesund ist. Aber dieser Salat mit Goji-Beeren voller Antioxidantien, Vitamin-C-haltiger Chili und essenziellen Fettsäuren aus der guten alten Kokosnuss ist ein ganz besonderer Fitmacher.

In einem Wasserkocher 200 ml Wasser zum Kochen bringen. Die Brokkoliröschen in einen großen Topf geben. Mit dem kochenden Wasser übergießen und 1 Prise Salz zufügen.

Einen Deckel auf den Topf legen. Den Brokkoli bei schwacher Hitze 4 Minuten garen, dann sofort abgießen und unter eiskaltem Wasser abschrecken.

Eine Grillpfanne mit ½ EL Kokosöl fetten und bei hoher Temperatur erhitzen. Den Brokkoli darin 4 Minuten garen. Jeweils nach 1 Minute drehen, damit er gleichmäßig braun wird.

Den Brokkoli mit Olivenöl, 1 Prise Salz und frisch gemahlenem schwarzem Pfeffer in eine Schüssel geben. Abgeriebene Schale und Saft der Zitrone zufügen und alles sorgfältig mischen.

Das restliche Kokosöl in einer Pfanne erhitzen. Chiliflocken und Kürbiskerne darin 2 Minuten rösten, dann mit den Goji-Beeren über das Gemüse streuen.

Thai-Rindfleischsalat mit pikanten Cashews

Dieser Salat wurde extra für meine Mutter erfunden, und wenn wir zum Thai essen gehen, bestellt sie nie etwas anderes. Cremige Sesampaste und Cashews, die mit Salz und Pfeffer gewürzt sind, geben ihm seinen tollen Geschmack. Ich mag es am liebsten, wenn das Rindfleisch innen noch rosa ist.

Die Steaks mit etwas Salz und Pfeffer bestreuen und zur Seite stellen.

In einer mittelgroßen Pfanne 1 TL Kokosöl mit ½ TL Salz und ½ TL frisch gemahlenem Pfeffer erhitzen. Die Cashewkerne zugeben, gut umrühren und bei mittlerer Hitze 5 Minuten rösten. Die abgeriebene Limettenschale unter die Cashewkerne rühren und beiseitestellen.

Limettensaft mit Knoblauch, Ingwer, Tahin, Chili und Tamari oder Sojasauce in ein Schraubglas geben und kräftig schütteln.

Grünkohl und Paprikaschote in eine Schüssel geben. Mit dem Dressing übergießen und den Grünkohl kräftig durchkneten, damit er mürbe wird. Geraspelte Möhren und Bohnensprossen zufügen.

Eine Grillpfanne bei hoher Temperatur erhitzen. Die Steaks darin von jeder Seite 3 Minuten braten, dann einige Minuten ruhen lassen. In dünne Scheiben schneiden und auf dem Salat anrichten. Mit Sesam und Cashewkernen bestreuen. Basilikum und Koriander fein hacken und auf den Salat streuen.

Für 2 Personen

2 Rib-Eye-Steaks (oder andere Zuschnitte nach Wahl)
1 TL Kokosöl
50 g Cashewkerne
abgeriebene Schale und Saft von 1 Bio-Limette
1 große Knoblauchzehe, zerdrückt
1 EL frisch geriebener Ingwer
2 EL Tahin (Sesammus)
1 rote Chilischote, gehackt (entkernt, wenn Sie es milder mögen)
2 TL glutenfreie Tamari oder Sojasauce
50 g Grünkohl (Kale), in 0,5 cm breite Streifen geschnitten
1 rote Paprikaschote, in 0,5 cm breite Streifen geschnitten
2 Möhren, geraspelt
50 g Bohnensprossen
1 EL Sesamsamen
10 g frisches Basilikum
10 g frischer Koriander
Salz und Pfeffer

Frühlingssalat mit Grapefruit, Eiern und Spargel

Für 2 Personen

1 kleiner Romana-
salat ohne Strunk, in
Blätter zerteilt
1 rosa Grapefruit,
Schale und weiße
Haut entfernt, längs
in 1 cm dicke Schei-
ben geschnitten
400 g grüner Spar-
gel, holzige Enden
abgeschnitten
abgeriebene Schale
und Saft von
1 Bio-Zitrone
1 Handvoll frischer
Koriander, fein
gehackt
4 Eier
2 TL geräuchertes
Paprikapulver
(Pimentón de la
Vera)
2 TL Chiliflocken
3 TL natives Olivenöl
extra
Salz

Ich liebe den Frühling. Es ist die Jahreszeit, in der ich Geburtstag habe und in der es herrlich frisches Obst und Gemüse gibt. Spargel fördert die Ausscheidung von Giftstoffen, Grapefruit liefert jede Menge Vitamin C und die Eier steuern wertvolle Proteine bei.

Die Salatblätter auf zwei Tellern verteilen und die Grapefruitscheiben darauf legen.

Den Spargel 5 Minuten im Dampf garen und auf den Salat geben. Mit Zitronensaft beträufeln und mit abgeriebener Zitronenschale und Koriander bestreuen.

Einen Topf zur Hälfte mit kochendem Wasser füllen und die Eier einzeln hineinlegen (sie müssen ganz bedeckt sein). Nach Belieben weich (5 Minuten) bis hart (9 Minuten) kochen, dann aus dem Topf nehmen und unter kaltem Wasser abschrecken. Die Schale rings-herum mit einem Löffel anklopfen. Die Eier beim Pellen unter einen sanften, kalten Strahl Wasser halten.

Paprikapulver, 1 Prise Salz und Chiliflocken auf einen Teller streuen. Die Eier darin wälzen, bis sie gleichmäßig bedeckt sind.

Die Eier halbieren und auf dem Salat anrichten. Mit Olivenöl beträu-feln, mit 1 Prise Salz bestreuen und sofort servieren.

Sommersalat mit gegrillter Nektarine, Parmaschinken und grünen Bohnen

Die Kombination aus süßen Nektarinen und salzigem Schinken ist das Geheimnis meines Sommersalats. Auch die Konsistenz des Schinkens bildet zu den weicheren Zutaten einen reizvollen Kontrast.

Für 2 Personen

150 g grüne Bohnen, in kurze Stücke geschnitten
2 Nektarinen
30 g Brunnenkresse
30 g Rucola
100 g Parmaschinken
50 g Feta, in Scheiben geschnitten
2 EL Sesamsamen (nach Belieben)
3 EL Honig-Senf-Dressing (s. S. 127)
Salz und Pfeffer

Die Bohnen mit etwas Wasser und 1 Prise Salz in einen Topf geben und 5 Minuten garen.

Die Nektarinen ohne Stein in Achtel schneiden und in einer Grillpfanne von jeder Seite 2 Minuten braten.

Brunnenkresse und Rucola in einer Schüssel mischen. Die restlichen Zutaten daraufgeben, mit dem Dressing beträufeln und mit zerstoßenem schwarzem Pfeffer bestreuen.

Herbstsalat mit gegrilltem Mais, Quinoa und Chilisalsa

Wenn die ersten kühlen Herbsttage kommen, esse ich gern etwas schärfer. Paprika und Cayennepfeffer passen erstaunlich gut zu Quinoa und sorgen für den pikanten Kick, den ich so mag. Der Mais, der in Kokosöl gebraten ist, steuert eine Extraportion Nährstoffe bei.

Die Quinoa mit 200 ml Wasser und 1 Prise Salz in einen Topf geben. Zum Kochen bringen, dann bei schwacher Hitze 12–15 Minuten köcheln lassen, bis das Wasser vollständig aufgesaugt ist.

Eine Grillpfanne bei mittlerer Temperatur erhitzen. Inzwischen zerlassenes Kokosöl oder Butter mit geräuchertem Paprikapulver, Cayennepfeffer und je 1 Prise Salz und frisch gemahlenem Pfeffer mischen. Die Maiskolben gleichmäßig mit dem Gewürzöl einpinseln, in Alufolie wickeln und in der Grillpfanne 20 Minuten garen. Zwischendurch regelmäßig wenden. Die Maiskolben auswickeln, etwas abkühlen lassen und die Körner mit einem Messer von den Kolben abstreifen.

Für die Salsa Tomaten und Paprika in einer Schüssel mit Apfelessig, Olivenöl und 1 Prise Salz mischen.

Die Quinoa mit gehacktem Koriander, Joghurt, Limettensaft, 1 Prise Salz und etwas frisch gemahlenem Pfeffer verrühren. Den Mais über die Quinoa streuen, mit der Salsa beträufeln und zuletzt die Avocadospalten darauf verteilen. Mit Limettenvierteln servieren.

Für 2 Personen

125 g Quinoa
2 EL Kokosöl oder Butter, zerlassen
1 TL geräuchertes Paprikapulver (Pimentón de la Vera)
1 TL Cayennepfeffer
2 Maiskolben ohne Hüllblätter
200 g Kirschtomaten, sehr fein gewürfelt
1 rote Paprikaschote, sehr fein gewürfelt
1 grüne Paprikaschote, sehr fein gewürfelt
2 EL Apfelessig
1 EL natives Olivenöl extra
100 g frischer Koriander, fein gehackt
6 EL griechischer Joghurt
Saft von 1 Limette
1 Avocado, geschält, entkernt und in Spalten geschnitten
Limettenviertel zum Servieren
Salz und Pfeffer

Wintersalat mit Rosenkohl, Blumenkohl und Granatapfel

So kennen Sie Rosenkohl bestimmt noch nicht! Er wird geraspelt, saugt sich dadurch mit Flüssigkeit voll und bekommt eine interessante Konsistenz. Die Kombination aus saftigem Granatapfel und knackigen Pekannüssen gefällt mir besonders gut.

Für 2 Personen

100 g Rosenkohl
½ Blumenkohl, Strunk entfernt, Röschen grob gehackt
2 EL Kokosöl
abgeriebene Schale und Saft von 1 Bio-Zitrone
½ Granatapfel
3 EL natives Olivenöl extra
1 TL Senf
1 EL Apfelessig
3 EL halbierte Pekannüsse
Salz und Pfeffer

Den Rosenkohl in der Küchenmaschine oder auf einer Rohkostreibe fein raspeln. Den Blumenkohl im Standmixer einige Minuten hacken, bis seine Konsistenz an Reis erinnert. Das Kokosöl mit 1 Prise Salz in einer großen Pfanne 1 Minute bei mittlerer Temperatur erhitzen. Blumenkohl und Rosenkohl darin 3 Minuten anbraten, dann in eine Schüssel umfüllen. Mit abgeriebener Schale und Saft der Zitrone mischen und zur Seite stellen.

Mit einem Löffel die Kerne aus dem Granatapfel lösen. Die weiße, bittere Haut ganz entfernen. Die Kerne auf das Gemüse streuen.

Olivenöl, Senf, Essig und 1 Prise Salz in einem Schraubglas kräftig schütteln.

Den Salat mit dem Dressing beträufeln und mit Pekannüssen bestreuen.

Salat mit gegrilltem Hähnchen, gerösteter Zitrone und Oliven

Proteinreiches Hähnchen, milder Joghurt, pikanter Kreuzkümmel, würzige Oliven und herbe Zitrone geben diesem Salat ein orientalisches Aroma, das mich immer an Israel erinnert.

Für 2 Personen
2 große Hähnchenbrüste
1 große Knoblauchzehe, zerdrückt
1 TL gemahlener Kreuzkümmel
1 EL Kokosöl oder Butter, zerlassen
1 Bio-Zitrone
4 EL Joghurt
2 EL natives Olivenöl extra
1 Romanasalat, Strunk entfernt, Blätter längs in 1 cm breite Streifen geschnitten
10 große grüne Oliven, halbiert und entsteint
4 EL Pinienkerne, geröstet

Das Fleisch mit Knoblauch, Kreuzkümmel und Kokosöl oder Butter einreiben.

Eine Grillpfanne einige Minuten bei mittlerer Temperatur erhitzen. Das Fleisch darin von jeder Seite 6 Minuten braten, zwischendurch jeweils nach 1 Minute wenden. Es muss ganz durchgegart sein.

Die Schale der Zitrone abreiben und mit Joghurt und Olivenöl verrühren. Die Zitrone in dünne Scheiben schneiden und in der Grillpfanne mit dem Fleisch von jeder Seite etwa 1 Minute braten.

Salatstreifen und Olivenhälften auf zwei Servierteller geben. Das Fleisch in schmale Streifen schneiden und mit Joghurtdressing, Zitronenscheiben und Pinienkernen darauf verteilen.

Hirsesalat mit Salbei

Hirse ist, ebenso wie Quinoa, glutenfrei und kann gut als günstige Alternative verwendet werden, wenn Sie preisbewusst einkaufen möchten. Die Salbeiblätter reichern den Salat mit Betakarotin und Vitamin A an, und die Frühlingszwiebeln und Pinienkerne sorgen für knackigen Biss.

Für 2 Personen

125 g Hirse
250 ml kochende Knochen-, Hühner-, Gemüsebrühe
    oder Wasser
1 Prise Salz
1 grüner Apfel
Saft von 1 Zitrone
50 g Kirschtomaten, halbiert
2 Frühlingszwiebeln, in dünne Ringe geschnitten
2 EL natives Olivenöl extra
1 Knoblauchzehe, zerdrückt
1 EL Kokosöl oder Butter
6 Salbeiblätter
4 EL zerdrückte Pistazienkerne

Die Hirse in einem Sieb abspülen. In einen großen Topf mit kochender Brühe oder Wasser und Salz geben und abgedeckt 12–15 Minuten köcheln lassen, bis die Flüssigkeit ganz aufgesaugt ist.

Den Apfel in dünne Scheiben schneiden, in eine Schüssel geben und mit Zitronensaft mischen, damit er sich nicht braun verfärbt. Tomaten und Frühlingszwiebeln in einer Schüssel mit abgekühlter Hirse, Olivenöl, Knoblauch und Apfel mischen. Kokosöl oder Butter in einer kleinen Pfanne erhitzen und die Salbeiblätter darin von jeder Seite 1 Minute knusprig braten. Auf dem Salat verteilen und alles mit Pistazienkernen bestreuen.

Räucherlachs-Salat mit Avocadopüree

Dieser Salat ist schnell gemacht, aber es fehlt ihm an nichts. Avocado enthält essenzielle Fettsäuren, Lachs ist reich an Omega-3-Fettsäuren, und Radieschen und Gurke schmecken knackig und frisch. Das perfekte Rezept, wenn Sie es einmal eilig haben.

Für 2 Personen
1 Avocado, geschält und entkernt
Saft von 1 Limette
1 Prise Chiliflocken
30 g Radieschen, in dünne Scheiben geschnitten
1 Frühlingszwiebel, in dünne Ringe geschnitten
1 Salatgurke, fein gewürfelt
2 Tomaten, geviertelt
1 Knoblauchzehe, zerdrückt
abgeriebene Schale und Saft von 1 Bio-Zitrone
3 EL natives Olivenöl extra
2 TL Apfelessig
300 g Räucherlachs
10 g frische Minzeblätter zum Garnieren
Salz und Pfeffer

Avocado, Limettensaft und Chiliflocken in einer Schüssel mit einer Gabel fein zerdrücken.

Radieschen, Frühlingszwiebel, Gurke und Tomaten mit Knoblauch, je 1 Prise Salz und Pfeffer, abgeriebener Schale und Saft der Zitrone, Olivenöl und Essig in einer Schüssel vermischen.

Salat und Avocadopüree mit Räucherlachs auf Tellern anrichten und mit Minzeblättern bestreuen. Nach Belieben salzen und pfeffern.

Warmer Grünkohlsalat mit Kichererbsen und Orangen

Dieser Salat ist ein wahres Kraftpaket. Dafür sorgen neben dem nährstoffreichen Grünkohl, der eines meiner Lieblingsgemüse ist, die proteinreichen Kichererbsen. Herbe Orange und pikanter Ingwer runden den Geschmack perfekt ab.

Für 2 Personen
1 EL Kokosöl
1 weiße Zwiebel, fein gehackt
2 TL gemahlener Kreuzkümmel
1 EL frisch geriebener Ingwer
1 Dose Kichererbsen (400 g), abgetropft
3 Grünkohlblätter (Kale), längs in Streifen geschnitten
1 Zucchini, geraspelt
abgeriebene Schale und Saft von 1 Bio-Orange
Salz und Pfeffer

Das Kokosöl in einer großen Pfanne erhitzen. Zwiebel und Kreuzkümmel darin bei mittlerer Hitze 5 Minuten anbraten. Den Ingwer und je 1 gute Prise Salz und Pfeffer zugeben und 1 Minute mitbraten. Die Kichererbsen zufügen und unter ständigem Rühren weitere 5 Minuten braten.

Grünkohl und Zucchini in die Pfanne geben und 5 Minuten mitgaren, dabei zwischendurch häufiger umrühren.

Kurz vor Ende der Garzeit abgeriebene Schale und Saft der Orange unterrühren. Mit Salz und Pfeffer abschmecken und warm servieren.

Räuchermakrelen-Salat mit Gurkenstreifen, Roter Bete und Orange

Dieser einfache Salat ist in wenigen Minuten servierfertig und eignet sich auch gut zum Mitnehmen. Die Makrele ist reich an Omega-3-Fettsäuren, die den ganzen Tag lang für frische, strahlende Haut sorgen.

Für 2 Personen
1 Bio-Orange
1 große oder 2 kleine Rote Beten, geraspelt
1 TL natives Olivenöl extra
2 EL frische Schnittlauchröllchen
1 Salatgurke
100 g Kirschtomaten, halbiert
30 g Walnusskerne
1 EL Apfelessig
2 große geräucherte Makrelenfilets

Die Schale der Orange abreiben. Geraspelte Rote Bete mit Orangenschale, Olivenöl und Schnittlauch mischen. Die Schale und die bittere weiße Haut der Orange entfernen und die Orange in acht Schnitze schneiden. Die Gurke mit einem Sparschäler oder Gemüsehobel in lange Streifen schneiden. Gurkenstreifen mit Tomaten, Walnusskernen, Essig und der Roten Bete mischen. Die Makrelenfilets auf dem Salat anrichten und servieren.

Schnelles am Abend

Pikanter Lachs mit Gurke und Joghurt

Der pikant gewürzte Lachs versorgt die Haut mit wertvollen Omega-3-Fettsäuren. Knackig-frische Gurke und milder Joghurt bilden eine wunderbar ausgewogene Kombination. Hitverdächtig!

Für 2 Personen

150 g Natur-, Kokos- oder Ziegenmilchjoghurt
Saft von 1 Zitrone
3 TL geräuchertes Paprikapulver (Pimentón de la Vera)
1 TL Salz
2 große Lachsfilets
½ Salatgurke
2 EL gehackter Schnittlauch
2 EL Sesamsamen
1 EL natives Olivenöl extra
2 EL Kokosöl

Joghurt, Zitronensaft, Paprikapulver und Salz verrühren. Jedes Fischfilet mit 1 EL der Marinade einreiben.

Die Gurke mit einem Sparschäler oder Gemüsehobel in lange Streifen schneiden. Die Gurkenstreifen mit Schnittlauch, Sesam und Olivenöl mischen.

Das Kokosöl in einer großen Pfanne 1 Minute bei hoher Temperatur erhitzen. Den Lachs mit der Haut nach unten hineinlegen und 2–3 Minuten braten, dann wenden und die andere Seite 2–3 Minuten braten.

Den Lachs mit dem Salat und der restlichen Joghurtmarinade servieren.

Rohes Pad Thai

Für 3 Personen

2 Zucchini
1 Möhre
1 gelbe Paprikaschote, in schmale Streifen geschnitten
1 rote Paprikaschote, in schmale Streifen geschnitten
2 Frühlingszwiebeln, in dünne Ringe geschnitten
100 g Zuckerschoten, fein gehackt
1 Bund Koriander, fein gehackt
1 rote Chilischote, entkernt und fein gehackt
1 grüne Chilischote, entkernt und fein gehackt
100 ml Kokosmilch
2 EL Tahin (Sesammus)
Saft von 2 Limetten
1 EL glutenfreie Tamari oder Sojasauce
1 Prise Salz
2 EL Sesamöl
3 EL Sesamsamen zum Servieren

Dies ist eine rohe Version des bekannten Klassikers aus der Thai-Küche. Weil das Gemüse roh ist, bleiben die Nährstoffe optimal erhalten. Rote Paprika liefert eine große Portion Vitamin C, die das Immunsystem stärkt. Knackiger Biss und jede Menge Geschmack!

Die Zucchini mit einem Spiralschneider oder Sparschäler in lange, dünne Streifen schneiden, alternativ mit einem Messer in Juliennestreifen schneiden. Ebenso mit der Möhre verfahren. Die »Gemüsenudeln« in eine große Servierschüssel füllen.

Streifen von roter und gelber Paprika, Frühlingszwiebelringe, gehackte Zuckerschoten, Koriander und gehackte Chilis zufügen.

Kokosmilch, Tahin, Limettensaft, Tamari oder Sojasauce, Salz und Sesamöl in ein Schraubglas füllen. Den Deckel schließen und gut schütteln, dann das Dressing über das Gemüse gießen.

Den Salat gut mischen, mit Sesam bestreuen und servieren.

Steak mit Pastinakenstiften

Diese Variante eines Klassikers gehört zu meinen Lieblingsgerichten. Verlangen Sie beim Schlachter ausdrücklich Fleisch von Weidevieh, weil es eine viel bessere Nährstoffdichte hat. Die süßlichen, nährstoffreichen Pastinakenstifte schmecken einfach köstlich dazu.

Für 2 Personen
2 Sirloin-Steaks à 150–200 g
250 g Pastinaken, geschält
4 EL Kokosöl oder Butter
Senf und grüner Salat zum Servieren
Salz und Pfeffer

Den Backofen auf 220 °C vorheizen.

Die Steaks mit Salz und Pfeffer bestreuen und einige Minuten bei Zimmertemperatur stehen lassen.

Inzwischen die Pastinaken in dünne Stifte schneiden. 3 EL Kokosöl oder Butter in einem Bräter zerlassen. Die Pastinaken darin wenden und großzügig mit Salz und Pfeffer würzen. Im Ofen 15–20 Minuten – je nach Dicke der Stifte – goldbraun backen. Nach der Hälfte der Garzeit einmal wenden.

Kurz bevor die Pastinakenstifte gar sind, eine Pfanne bei hoher Temperatur erhitzen. 1 EL Kokosöl oder Butter zugeben und erhitzen. Die Steaks darin von jeder Seite 2 Minuten braten, wenn sie innen noch roh sein sollen. Falls gewünscht, länger braten.

Mit Senf und grünem Salat servieren.

Rindfleischspieße mit Ingwer, Joghurt und Salat

Sind Sie in Eile? Dann ist dieses Rezept genau richtig. Knoblauch und Ingwer bringen das Immunsystem auf Touren, und das Kokosöl mit seinem hohen Rauchpunkt schont die Nährstoffe der anderen Zutaten.

Für 2 Personen

1 EL frisch geriebener Ingwer
1 EL glutenfreie Tamari oder Sojasauce
1 EL Honig
2 Knoblauchzehen, zerdrückt
1 EL Kokosöl, zerlassen
250 g Sirloin- oder Rumpsteak, in 2,5 cm große Würfel geschnitten
100 g Joghurt
3 EL natives Olivenöl extra
25 g Brunnenkresse
25 g Rucola
Salz und Pfeffer

Ingwer, Tamari oder Sojasauce, Honig, 1 Knoblauchzehe und zerlassenes Kokosöl in einer Schüssel verrühren. Die Fleischwürfel in die Mischung einlegen und im Kühlschrank mindestens 2 Stunden (bis zu 12 Stunden) marinieren lassen. Das Fleisch schmeckt auch gut, wenn Sie nicht so viel Zeit haben.

Das Fleisch auf vier Spieße stecken. (Spieße aus Holz oder Bambus vorher in Wasser einweichen.) Eine Grillpfanne bei mittlerer bis hoher Temperatur erhitzen und die Spieße darin 5 Minuten braten. Zwischendurch mehrmals wenden, damit sie gleichmäßig braun werden.

Den Joghurt mit dem restlichen Knoblauch, Olivenöl und je 1 Prise Salz und Pfeffer verrühren. Das Dressing über Brunnenkresse, Rucola und Spieße träufeln oder separat dazu servieren.

Gebratene Garnelen mit Ingwer-Zuckerschoten-Salat

Dieser Salat mit Meeresfrüchten, Zuckerschoten und kalziumreichem Sesam ist ganz einfach zuzubereiten, im Handumdrehen fertig und herrlich knackig. Was will man mehr? Es ist eins meiner Lieblingsgerichte!

Für 2 Personen

300 g rohe, große Garnelen
200 g Zuckerschoten, Enden abgeschnitten und halbiert
100 g Radieschen, in dünne Scheiben geschnitten
1 EL Apfelessig
1 EL frisch geriebener Ingwer
2 EL natives Olivenöl extra oder Sesamöl
1 EL Kokosöl oder Butter
2 EL Sesamsamen
Salz und Pfeffer

Die Garnelen mit Küchenpapier abtrocknen und mit Salz und Pfeffer bestreuen.

Zuckerschoten und Radieschenscheiben in eine Schüssel geben. Essig, Ingwer und Oliven- oder Sesamöl mit 1 Prise Salz verrühren.

Kokosöl oder Butter in einer Pfanne bei hoher Temperatur 1 Minute erhitzen. Die Temperatur etwas reduzieren und die Garnelen darin von jeder Seite 1 Minute braten. Sie sollen durchgegart sein.

Die Garnelen mit dem Salat auf Tellern verteilen, mit dem Dressing beträufeln und mit Sesam bestreuen.

Ente mit Orange und gebratenem Chicorée

Ente und Orange sind ein wunderbares Gespann. Der Chicorée enthält Bitterstoffe, die die Verdauung anregen. Die Feigen steuern eine interessante Süße bei und sehen attraktiv aus. Dies ist ein Gericht, mit dem Sie Gäste beeindrucken können!

Für 2 Personen

1 Bio-Orange
2 Entenbrüste
2 Feigen (sofern sie gerade Saison haben)
1 TL Kokosöl
1 Kopf Chicorée, in einzelne Blätter zerteilt
3 EL gehackte Walnusskerne
2 EL natives Olivenöl extra
Salz und Pfeffer

Die Schale der Orange abreiben. Die Entenbrüste mit Orangenschale und je 1 Prise Salz und Pfeffer einreiben. Im Kühlschrank mindestens 2 Stunden (und bis zu 12 Stunden, wenn Sie genug Zeit haben) marinieren lassen.

Eine Pfanne bei hoher Temperatur erhitzen. Die Entenbrüste mit der Haut nach unten hineinlegen und 2 Minuten braten. Die andere Seite ebenfalls 2 Minuten braten, dann auf mittlere Hitze herunterschalten und das Fleisch weitere 10 Minuten garen. Zwischendurch mehrmals wenden.

Die Orange von der restlichen Schale und der weißen Haut befreien und in 1 cm dicke Scheiben schneiden, die Feigen vierteln.

Eine Grillpfanne mit etwas Kokosöl einfetten und erhitzen. Die Chicoréeblätter von beiden Seiten braun braten. Das Fleisch mit Orangenscheiben, Chicoréeblättern, Feigen und Walnusskernen anrichten und mit dem Olivenöl beträufeln.

Gebratene Meerforelle mit Rote-Bete-Birnen-Salat

Saftige Forelle trifft hier auf das erdige Aroma Roter Bete und die milde Süße der Birne. Die Ausgewogenheit der Aromen wird jeden überzeugen. Walnusskerne steuern Omega-3-Fettsäuren bei und geben dem Gericht etwas Biss.

Für 2 Personen
1 TL Senf
2 EL natives Olivenöl extra
1 Rote Bete
1 Fenchelknolle
1 Birne
10 g frische Minzeblätter, gehackt
3 EL gehackte Walnusskerne
1 EL Kokosöl
2 Meerforellenfilets
Salz und Pfeffer

Senf und Olivenöl verrühren und mit Salz und Pfeffer würzen.

Die Rote Bete raspeln, Fenchel und Birne in dünne Scheiben schneiden. Birne und Gemüse mit gehackter Minze, Walnusskernen und Olivenöldressing mischen.

Das Kokosöl in einer Pfanne bei mittlerer Temperatur erhitzen. Wenn das Öl zu sprudeln beginnt, die Fischfilets mit der Haut nach unten hineinlegen. 2 Minuten braten, dann wenden und die andere Seite ebenfalls 1 Minute braten.

Den Salat zum Fisch servieren.

Fischpäckchen mit Blumenkohl-Reis und Mangold

An diesem Rezept gefällt mir, dass es so wandelbar ist. Sie können selbst entscheiden, ob Fisch oder Gemüse die Hauptrolle spielen sollen, und werden in keinem Fall enttäuscht. Ingwer und Sojasauce geben dem Gericht eine asiatische Note.

Den Backofen auf 200 °C vorheizen.

Den Fisch mit Ingwer und Tamari oder Sojasauce einreiben.

Den gehackten Blumenkohl im Standmixer einige Minuten zerkleinern, bis seine Konsistenz an Reis erinnert.

1 EL Kokosöl bei mittlerer Temperatur in einer Pfanne erhitzen. Die Frühlingszwiebeln darin mit 1 Prise Salz einige Minuten anbraten, dann Kurkuma und Blumenkohl-Reis zufügen. 1 Minute unter ständigem Rühren braten, bis der Blumenkohl Farbe angenommen hat. Vom Herd nehmen.

Zwei Rechtecke Alufolie oder Backpapier von mindestens 45 cm Länge zuschneiden. In die Mitte jedes Rechtecks 1 TL Kokosöl setzen. Darauf Mangold, Blumenkohl-Reis und Tomaten verteilen. Die Fischfilets auflegen, mit Salz und Pfeffer bestreuen und jedes Filet mit dem Saft von 1 Limette beträufeln. Die Zutaten in Folie oder Papier einwickeln und die Kanten fest zusammenfalten. Wenn nötig, mit etwas Küchengarn fixieren.

15–20 Minuten im Ofen backen, bis der Fisch gar ist. Die Päckchen ungeöffnet servieren.

Für 2 Personen

2 Seefischfilets (Schnapper, Barsch, Lachs oder Dorsch)
1 EL frisch geriebener Ingwer
1 EL glutenfreie Tamari oder Sojasauce
½ Blumenkohl, Strunk entfernt, Röschen grob gehackt
1 EL Kokosöl und 2 TL Kokosöl zum Einfetten
3 Frühlingszwiebeln, in ½ cm große Stücke gehackt
1 TL Kurkuma
50 g Mangold, gehackt (ersatzweise Blattspinat oder Pak Choi)
10 Kirschtomaten, halbiert
2 Limetten
Salz und Pfeffer

Rindfleisch mit Zucchini-Nudeln

Für 2 Personen

2 Sirloin-Steaks oder andere Zuschnitte nach Belieben, in 2,5 cm breite Streifen geschnitten
2 Zucchini, Enden abgeschnitten
1 EL Kokosöl
1 rote Zwiebel, fein gehackt
2 Knoblauchzehen, zerdrückt
2 EL frisch geriebener Ingwer
1 rote Chilischote, fein gehackt
100 g Zuckerschoten, halbiert
Saft von 1 Limette
2 EL Sesamsamen
1 EL glutenfreie Tamari oder Sojasauce
Salz und Pfeffer

Schnelle Wok-Gerichte stehen hoch im Kurs, aber ich werde oft gefragt, wie man sie gesünder zubereiten kann. Wer eine Gluten-Unverträglichkeit hat, schnappt sich den Spiralschneider oder Sparschäler und schneidet »Zucchini-Spaghetti«. Sie harmonieren wunderbar mit Rindfleisch, Chili und den übrigen Zutaten.

Die Steaks mit Salz und Pfeffer bestreuen und beiseitestellen.

Die Zucchini mit dem Spiralschneider, dem Sparschäler oder einem Küchenmesser in lange, sehr dünne Streifen schneiden.

Das Kokosöl in einem Wok oder einer großen Pfanne erhitzen. Die Zwiebel darin mit 1 Prise Salz 5 Minuten anbraten. Knoblauch, Ingwer und Chili zugeben und 1 Minute mitbraten. Das Fleisch zufügen und 1 weitere Minute braten. Dann Zuckerschoten und Zucchinistreifen zugeben und alles unter ständigem Rühren noch 3 Minuten braten.

Vom Herd nehmen und mit dem Limettensaft beträufeln. Mit Sesam bestreuen und mit Tamari oder Sojasauce würzen.

Rotzunge mit Pancetta, Erbsen und Salsa verde

Für 2 Personen

50 g glatte Petersilie
50 g Basilikum
100 ml natives Olivenöl
  extra
1 EL Kapern
1 EL Apfelessig
1 TL Senf
2 Rotzungenfilets
4 Scheiben Pancetta (oder
  Parmaschinken)
½ EL Kokosöl
100 g Erbsen (TK)
abgeriebene Schale und
  Saft von 1 Bio-Zitrone
Salz und Pfeffer

Einen Beutel Erbsen sollten Sie immer im Tiefkühlfach haben. Sie passen zu fast allem, wie dieses Gericht eindrucksvoll beweist. Rotzunge hat sehr zartes, weißes Fleisch, das durch den salzigen Speck und die frischen, süßlichen Erbsen perfekt ergänzt wird.

Für die Salsa verde Petersilie, Basilikum, Olivenöl, Kapern, Essig und Senf im Standmixer glatt pürieren. Zur Seite stellen.

Die Fischfilets salzen und pfeffern und beiseitestellen.

Eine Pfanne bei mittlerer Temperatur erhitzen. Die Pancetta darin von jeder Seite 1 Minute knusprig braten. Aus der Pfanne nehmen und beiseitestellen.

In derselben Pfanne das Kokosöl bei mittlerer bis starker Hitze zerlassen. Wenn es zu sprudeln beginnt, die Fischfilets hineinlegen. 2 Minuten braten, dann wenden und die andere Seite 1 Minute braten. Aus der Pfanne nehmen und beiseitestellen.

Die Erbsen in die Pfanne geben und mit Zitronenschale und -saft einige Minuten durchwärmen. Den Fisch mit Pancetta, Erbsen und einem Klecks Salsa verde anrichten und servieren.

Fischfrikadellen mit Möhrenrohkost

Für 2 Personen

Fischfrikadellen
200 g Kabeljaufilet
ohne Haut, grob
gehackt
200 g Lachsfilet ohne
Haut, grob gehackt
1 EL frisch geriebener
Ingwer
2 TL glutenfreie
Tamari oder
Sojasauce
4 EL frisch gehackter
Koriander
1 EL glutenfreies Mehl
(bei Bedarf)

Möhrenrohkost
2 große Möhren,
geraspelt
Saft von 1 Limette
1 EL natives Olivenöl
extra
1 EL frisch geriebener
Ingwer
2 EL Joghurt
2 EL Sesamsamen
1 EL Kokosöl oder
Butter
natives Olivenöl extra
zum Beträufeln
Salz und Pfeffer

Fischfrikadellen sind vielleicht ein bisschen ungewöhnlich, aber ganz einfach zuzubereiten, und sie schmecken köstlich. Meine Möhrenrohkost ist sehr leicht, weil ich statt Mayonnaise Joghurt verwende. Zu den knackigen Möhren ist nussiger Sesam die perfekte Ergänzung.

Für die Fischfrikadellen die gewürfelten Fischfilets mit den restlichen Zutaten und je 1 Prise Salz und Pfeffer in der Küchenmaschine fein zerkleinern. Aus der Masse vier flache Frikadellen formen und auf einen Teller legen. Wenn die Masse zu feucht ist, etwas glutenfreies Mehl unterkneten. 30 Minuten in den Kühlschrank stellen.

Die geraspelten Möhren mit Limettensaft, Olivenöl, Ingwer, Joghurt, Sesam und 1 Prise Salz verrühren.

Kokosöl oder Butter in einer Pfanne bei mittlerer bis hoher Temperatur erhitzen. Die Fischfrikadellen darin von jeder Seite 4 Minuten braten. Pro Person zwei Frikadellen mit einer Portion Rohkost anrichten und mit etwas Olivenöl beträufeln.

Grüne Quinoa

Dies ist ein großartiges Gericht für Vegetarier, weil es einen hohen Proteingehalt hat. Ich finde auch die verschiedenen Konsistenzen von Quinoa, Zwiebel und Kürbiskernen, vollgesogen mit einer würzigen Brühe, superinteressant. Und für etwas frisch gehackte Chili als Garnierung kann ich mich ohnehin begeistern.

Die Quinoa mit kochendem Wasser oder Brühe und 1 Prise Salz in einen Topf geben. Zum Kochen bringen, dann die Hitze reduzieren. 12–15 Minuten köcheln lassen, bis die Quinoa die gesamte Flüssigkeit aufgesogen hat.

Eine große Pfanne erhitzen und den Kreuzkümmel darin ohne Fett 1 Minute rösten. Gerösteten Kreuzkümmel und Spinat vorsichtig unter die gegarte, heiße Quinoa heben. Dabei fallen die Spinatblätter zusammen.

Rote Zwiebel, Frühlingszwiebeln, grüne Chili und Kürbiskerne untermischen, dann alles in eine Servierschüssel umfüllen.

Die Zutaten für das Dressing im Standmixer glatt pürieren. Das Dressing über die Quinoa träufeln.

Für 4 Personen

250 g Quinoa
500 ml kochendes
  Wasser oder
  Hühnerbrühe
1 TL gemahlener
  Kreuzkümmel
100 g Blattspinat
½ rote Zwiebel,
  in dünne Ringe
  geschnitten
3 Frühlingszwiebeln,
  in dünne Ringe
  geschnitten
1 frische grüne Chili-
  schote, entkernt und
  fein gehackt
50 g Kürbiskerne

Dressing
25 g Minze
100 g Basilikum
3 EL Tahin
  (Sesammus)
Saft von 1 Limette
80 ml natives Olivenöl
  extra
Salz und Pfeffer

Buchweizen-Risotto mit Spargel und Erbsen

Für 2 Personen

150 g Buchweizen
1 EL Kokosöl
1 kleine weiße Zwiebel,
  fein gehackt
2 Knoblauchzehen,
  zerdrückt
250 ml Hühner- oder
  Gemüsebrühe
1 Dose Kokosmilch
  (400 ml)
abgeriebene Schale
  und Saft von
  1 Bio-Zitrone
100 g Erbsen, gepalt
  (oder TK-Ware)
3 Frühlingszwiebeln,
  fein gehackt
400 g grüner Spargel,
  die holzigen Enden
  abgeschnitten
25 g Minzeblätter
4 EL gehackte
  Walnusskerne
Salz und Pfeffer

Dieses Gericht schmeckt nach Frühling. Im Gegensatz zum klassischen Risotto ist es laktosefrei, denn es wird mit Kokosmilch zubereitet. Der Buchweizen ist enorm vielseitig und reich an wertvollen Proteinen.

Den Buchweizen in einem Sieb abspülen. Das Kokosöl in einem Topf 1 Minute bei mittlerer Temperatur erhitzen. Die Zwiebel darin mit 1 Prise Salz 5 Minuten hellbraun anbraten. Knoblauch und Buchweizen zugeben und 1 Minute anschwitzen. Die Brühe zugießen. Den Deckel auflegen und 10 Minuten köcheln lassen.

Die Kokosmilch öffnen und die festere Kokoscreme abnehmen und beiseitestellen. Die Creme an der Oberfläche ist fester, die Milch unten ist flüssiger. Wenn der Doseninhalt größtenteils fest und cremig ist, 100 g davon abwiegen und mit 50 ml Wasser erwärmen.

Den Deckel vom Topf nehmen und nacheinander langsam Zitronenschale und -saft, Erbsen, Frühlingszwiebeln und flüssige Kokosmilch zugeben. 10 Minuten unter ständigem Rühren köcheln lassen. Den Spargel auf das Risotto legen, den Deckel wieder schließen und weitere 7 Minuten köcheln lassen, sodass der Spargel im Dampf gegart wird.

Den Spargel aus dem Topf nehmen, in mundgerechte Stücke schneiden und zur Seite legen. Die beiseitegestellte Kokoscreme unter das Risotto rühren. Mit Salz und Pfeffer abschmecken.

Das Risotto mit Minze bestreuen und mit dem Spargel und den gehackten Walnusskernen anrichten.

Gebratener Thunfisch mit Sesam, Erbsenpüree und Bohnensprossen

Für 2 Personen

6 EL Sesamsamen, geröstet
2 Thunfischsteaks
2 EL glutenfreie Tamari oder Sojasauce
1 große Knoblauchzehe, zerdrückt
1 EL Honig
4 TL Kokosöl
1 Schalotte, fein gewürfelt
300 g Erbsen (TK)
2 Bio-Limetten und einige Viertel zum Servieren
2 TL frisch geriebener Ingwer
1 EL Tahin (Sesammus)
50 g Bohnensprossen
frische Korianderblätter zum Servieren
Salz und Pfeffer

Dieses einfache Gericht ist in Minutenschnelle fertig. Ich mag das Thunfischsteak besonders gerne innen rosa und in dünne Scheiben geschnitten. Die Tahin-Sauce hat eine pikante Ingwernote und liefert eine gute Portion Kalzium.

Den Sesam auf einen Teller streuen. Die Thunfischsteaks mit Tamari oder Sojasauce, zerdrücktem Knoblauch und Honig einreiben, dann im Sesam wenden.

1 TL Kokosöl bei mittlerer Temperatur in einer großen Pfanne erhitzen. Die Schalotte darin mit 1 Prise Salz anbraten. Die Erbsen, 2 EL Wasser, frisch gemahlenen Pfeffer und den Saft von 1 Limette zugeben. 4 Minuten köcheln lassen. In einen Standmixer umfüllen und glatt pürieren.

Das restliche Kokosöl bei hoher Temperatur in einer Pfanne erhitzen. Die Thunfischsteaks von einer Seite 2 Minuten braten, dann wenden und die andere Seite 1½ Minuten braten. So sind sie innen noch rosa.

Ingwer, Tahin sowie abgeriebene Schale und Saft der zweiten Limette verrühren. Den Thunfisch mit Bohnensprossen und Erbsenpüree auf zwei Tellern anrichten, die Limettenviertel auflegen und mit frischem Koriander bestreuen.

Indisches Seeteufelcurry mit Blumenkohl-Reis

Für 4 Personen
400 g Seeteufelfilet, in
  mundgerechte Stücke
  geschnitten
2 TL Kurkuma
3 EL frisch geriebener Ingwer
1 EL Kokosöl oder Butter
1 weiße Zwiebel, in dünne
  Ringe geschnitten
1 rote Chilischote, entkernt
  und fein gehackt
1 Knoblauchzehe, zerdrückt
1 Dose Kokosmilch (400 ml)
Saft von 1 Limette
1 EL Senfkörner
1 Handvoll frischer Koriander,
  fein gehackt
Salz und Pfeffer

Blumenkohl-Reis mit
indischen Gewürzen
1 Blumenkohl, Strunk ent-
  fernt, Röschen grob gehackt
1 EL Kokosöl oder Butter
1 TL Kurkuma
½ TL gemahlener
  Kreuzkümmel
¼ TL Zimt
¼ TL gemahlener Ingwer
frischer Koriander zum
  Servieren

Dieses Gericht habe ich erfunden, um meinen Freund zu beeindrucken, dessen Familie aus Indien stammt. Ich glaube, es hat funktioniert.

Die Fischwürfel mit 1 Prise Salz, Kurkuma und Ingwer in eine Schüssel geben. Die Marinade gut in die Fischwürfel einmassieren.

Kokosöl oder Butter bei mittlerer Temperatur in einer großen Pfanne erhitzen. Die Zwiebel mit 1 Prise Salz 5 Minuten darin anbraten.

Chilis und Knoblauch zufügen und 1 Minute unter ständigem Rühren mitbraten. Kokosmilch, Limettensaft und etwas frisch gemahlenen Pfeffer zugeben und 5 Minuten köcheln lassen. Zuletzt den Fisch zugeben und 10 Minuten köcheln lassen, bis er durchgegart ist. Vom Herd nehmen.

Die Senfkörner in einer Pfanne ohne Fett 1 Minute rösten, dann grob zerstoßen. Das Curry mit frischem Koriander und zerstoßenen Senfkörnern bestreuen und zu dem Blumenkohl-Reis servieren.

Blumenkohl-Reis mit indischen Gewürzen

Den grob gehackten Blumenkohl im Standmixer einige Minuten zerkleinern, bis er eine Konsistenz wie Reis hat.

Kokosöl oder Butter bei mittlerer Temperatur 1 Minute in einem Topf erhitzen. Die Gewürze darin unter ständigem Rühren 1 Minute braten, bis sie duften.

Den »Blumenkohl-Reis« zufügen und 3 Minuten unter ständigem Rühren dünsten, bis er gar ist. Mit frischem Koriander bestreuen.

Wochenend-
Genüsse

Rauchiges Brathähnchen mit Süßkartoffelspalten

Wenn von diesem Sonntagsbraten etwas übrig bleibt, können Sie es in der Woche genießen. Süßkartoffeln enthalten weniger Stärke als normale Kartoffeln, und wenn Sie ein Bio-Hähnchen aus Freilandhaltung auf den Tisch bringen, wird sich niemand beschweren.

Für 6 Personen

6 EL Kokosöl
2 EL Cayennepfeffer
2 EL geräuchertes Paprikapulver (Pimentón de la Vera)
abgeriebene Schale und Saft von 1 Bio-Limette
1 Hähnchen (1,5 kg)
5 Süßkartoffeln, in Spalten geschnitten
4 Knoblauchzehen, zerdrückt
Salz und Pfeffer

Den Backofen auf 200 °C vorheizen.

Das Kokosöl in einer Pfanne mit Gewürzen sowie abgeriebener Schale und Saft der Limette bei sehr schwacher Hitze zerlassen. Hähnchen und Süßkartoffelspalten sorgfältig mit dem gewürzten Fett einreiben. Beides kräftig mit Salz und frisch gemahlenem schwarzem Pfeffer würzen. Das Hähnchen in einen großen Bräter legen, die Knoblauchzehen darum verteilen und 80 Minuten im Ofen garen. Nach 35 Minuten die Süßkartoffelspalten rings um das Hähnchen verteilen und 45 Minuten mitgaren.

Das Brathähnchen aus dem Ofen nehmen, 5 Minuten ruhen lassen und mit den Süßkartoffelspalten servieren.

Das gegarte Hähnchen hält sich im Kühlschrank 1 Woche und kann fürs Lunchpaket verwendet werden.

Lammhachse aus dem Slowcooker

Für 2 Personen

2 EL Kokosöl oder
  Butter
2 TL Paprikapulver
1 weiße Zwiebel,
  in dünne Ringe
  geschnitten
1 Prise Salz
1 rote Chilischote,
  in dünne Scheiben
  geschnitten
1 Dose Kichererbsen
  (400 g), abgetropft
1 Dose Tomaten
  (400 g)
3 EL Tomatenmark
2 Stängel Thymian
2 Lammhachsen
frischer Koriander
  und Joghurt zum
  Servieren

Ich mag es gern, wenn Fleisch buchstäblich vom Knochen fällt. Es schmeckt gut, und das Garen bei schwacher Hitze schont die Nährstoffe. Dies ist ein Gericht für kalte Abende, das jeden begeistern wird.

Den Slowcooker auf niedrige Stufe einstellen oder den Backofen auf 130 °C vorheizen.

1 EL Kokosöl oder Butter mit dem Paprikapulver in einem großen, ofenfesten Topf 1 Minute bei mittlerer bis hoher Temperatur erhitzen. Die Zwiebel mit 1 Prise Salz 5 Minuten darin anbraten. Die Chili zugeben und 1 Minute mitbraten. Die abgetropften Kichererbsen zufügen und unter Rühren 1 Minute erhitzen. Tomaten, Tomatenmark und Thymian einrühren und alles 5 Minuten köcheln lassen.

Den restlichen EL Kokosöl oder Butter 1 Minute bei hoher Temperatur in einer großen Pfanne erhitzen. Die Lammhachsen darin 1 Minute rundherum braun anbraten, dann zur Tomaten-Kichererbsen-Mischung geben.

Nun alles 4 Stunden im Slowcooker garen. Alternativ den Topf abdecken und 4 Stunden in den Backofen schieben.

Wenn das Fleisch vom Knochen fällt, ist es fertig. Mit frischem Koriander bestreuen und mit Joghurtklecksen anrichten.

Rindfleischtopf mit Aprikosen

Ich liebe Rindfleisch. Es nimmt die Aromen von Gewürzen gut an – vor allem, wenn man es langsam bei schwacher Hitze gart. Reste dieses Gerichts können Sie gut einfrieren und später genießen. Die Aprikosen geben dem Gericht eine feine Süße, und der Kreuzkümmel punktet mit Antioxidantien.

Für 4 Personen

500 g Schmorfleisch vom Rind (Bio)
1 EL gemahlener Kreuzkümmel
1 TL Paprikapulver
1 große weiße Zwiebel, gehackt
2 EL Kokosöl oder Butter
1 rote Paprikaschote, fein gewürfelt
100 g getrocknete Aprikosen
1 Dose gehackte Tomaten (400 g)
3 EL Tomatenmark
Salz und Pfeffer

Das Fleisch mit Kreuzkümmel, Paprikapulver und je 1 Prise Salz und Pfeffer einreiben.

In einer großen Pfanne die Zwiebel in 1 EL Kokosöl oder Butter anbraten. Paprika, Aprikosen, gehackte Tomaten und Tomatenmark zufügen.

Den restlichen EL Kokosöl oder Butter in einem Topf erhitzen. Das Fleisch 1 Minute ringsherum braun anbraten. Das Fleisch zur Gemüse-Aprikosen-Mischung geben und gut umrühren. Bei schwacher Hitze 2 Stunden köcheln lassen.

Dazu passt klassischer Blumenkohl-Reis (siehe Seite 210).

Kichererbsen-Linsen-Dal mit Kokos-Blumenkohl-Reis

Für 4 Personen

1 TL Kurkuma
1 TL Cayennepfeffer
2 TL gemahlener
  Kreuzkümmel
1 EL Kokosöl
1 rote Zwiebel, grob
  gehackt
2 Knoblauchzehen
1 Stück Ingwer (3 cm),
  frisch gerieben
1 Dose Kokosmilch
  (400 ml)
1 Dose Kichererbsen
  (400 g), abgetropft
150 g getrocknete rote
  Linsen
100 g Blattspinat und
  etwas mehr zum
  Servieren
Salz und Pfeffer

Kokos-Blumenkohl-Reis
Für 4 Personen

1 Blumenkohl, Strunk
  entfernt, Röschen
  grob gehackt
1 EL Kokosöl
1 weiße Zwiebel, fein
  gewürfelt
½ TL gemahlener
  Kardamom
200 ml Kokosmilch

Diese Geschmackskombination ist einfach sensationell. Das Gericht ist vegetarisch, versorgt Sie aber dank der Linsen dennoch mit Proteinen. Am besten genießen Sie es an einem kalten Herbstabend.

Die Gewürze in einer Pfanne ohne Fett mit 1 Prise Salz 1 Minute rösten. Das Kokosöl in einer zweiten Pfanne bei mittlerer Hitze 1 Minute erhitzen und die Zwiebel darin 5 Minuten anbraten. Knoblauch und Ingwer zugeben und einige Minuten mitbraten. Die Kokosmilch angießen und mit je 1 Prise Salz und Pfeffer würzen. Die abgetropften Kichererbsen und die Linsen unterrühren, abdecken und 40 Minuten köcheln lassen.

5 Minuten vor Ende der Garzeit den Spinat unterheben, sodass die Blätter zusammenfallen.

Mit Kokos-Blumenkohl-Reis (unten) und einigen frischen Spinatblättern servieren.

Kokos-Blumenkohl-Reis

Den grob gehackten Blumenkohl im Standmixer zerkleinern, bis seine Konsistenz an Reis erinnert.

Das Kokosöl in einem großen Topf bei mittlerer bis hoher Temperatur erhitzen. Die Zwiebel 5 Minuten darin anschwitzen. Den Kardamom zugeben und unter ständigem Rühren 30 Sekunden erhitzen. Blumenkohl-Reis und Kokosmilch zufügen und weitere 10 Minuten garen.

Salat-Wraps mit mexikanischem Hack und frischer Salsa

Dies ist ein Gericht, das in einer größeren Runde am meisten Spaß macht, weil sich jeder selbst bedient. Das mexikanisch gewürzte Hackfleisch wird auf ein Salatblatt gehäuft, darauf kommt milde Avocado und ein guter Klecks Salsa. Perfekt!

In einer großen Pfanne ohne Fett Kreuzkümmel, Paprika und Chili 1 Minute bei mittlerer Hitze anrösten. Die Temperatur etwas reduzieren. Kokosöl, Sellerie, Zwiebel und 1 Prise Salz in die Pfanne geben und bei mittlerer Hitze 5 Minuten anbraten. Das Hackfleisch zugeben und unter ständigem Rühren 1 Minute bräunen. Die Tomaten in die Pfanne geben. Die Mischung 1 Stunde leicht köcheln lassen, zwischendurch regelmäßig umrühren. Sie können das Hackfleisch am Vortag zubereiten. Wenn es aufgewärmt wird, schmeckt es umso besser.

Die Zutaten für die Salsa in einer Schüssel verrühren.

Die Avocados in Würfel schneiden, mit 1 Prise Salz bestreuen und einige Zitronenspalten darüber auspressen.

Wenn das Hackfleisch fertig ist, den Limettensaft einrühren. Mit Avocado, Joghurt, Zitronenspalten und Salsa servieren. Die Salatblätter als »Wraps« dazu reichen.

Für 4 Personen

Mexikanisches Hackfleisch
1 TL gemahlener Kreuzkümmel
1 TL Paprikapulver
1 TL Chilipulver
1 EL Kokosöl
2 Selleriestangen, fein gehackt
1 weiße Zwiebel, fein gehackt
500 g Rinder- oder Lammhackfleisch
1 Dose Tomaten (400 g)
Saft von 1 Limette
2 Avocados, geschält und grob gewürfelt
1 Bio-Zitrone, in Spalten geschnitten
100 g Joghurt
1 großer Kopf Romanasalat, Blätter abgelöst

Salsa
2 Frühlingszwiebeln, fein gewürfelt
3 Tomaten, fein gewürfelt
1 Salatgurke, fein gewürfelt
1 rote Chilischote, entkernt und fein gewürfelt
Saft von 1 Limette
2 EL frisch gehackter Koriander
Salz und Pfeffer

Kürbiscurry mit Ingwer-Limetten-Reis

Für 3–4 Personen

50 g frischer Koriander
2 EL rote Currypaste
1 Dose Kokosmilch
  (400 ml)
1 EL Tomatenmark
½ TL Kurkuma
1 EL Kokosöl
1 weiße Zwiebel, fein
  gehackt
1 Prise Salz
400 g Kürbis (Butter-
  nuss oder andere
  Sorte), geschält und
  gewürfelt
150 g grüne Bohnen,
  Enden abgeschnitten
50 g Blattspinat
Saft von 1 Limette

Ingwer-Limetten-
Reis

1 Blumenkohl, Strunk
  entfernt, Röschen
  grob gehackt
1 EL Kokosöl
abgeriebene Schale
  und Saft von
  1 Bio-Limette
1 EL frisch geriebener
  Ingwer
2 EL frisch gehackter
  Koriander

Ich liebe Kürbis. Er schmeckt gut, macht satt und nimmt andere Aromen sehr gut an. Spinat liefert eine Portion Eisen und steuert auch Farbe bei – schließlich isst das Auge mit.

Die Korianderblätter von den Stängeln zupfen und zum Garnieren zur Seite legen. Die Stängel fein hacken.

Korianderstängel, rote Currypaste, Kokosmilch, Tomatenmark und Kurkuma in der Küchenmaschine oder im Standmixer glatt pürieren.

Das Kokosöl in einem Topf bei mittlerer Temperatur 1 Minute erhitzen. Die Zwiebeln mit 1 Prise Salz 5 Minuten darin anbraten. Den Kürbis zufügen und unter ständigem Rühren 1 Minute mitbraten, dann die Koriander-Curry-Paste unterrühren. Behutsam zum Kochen bringen und 10 Minuten köcheln lassen.

Grüne Bohnen und Spinat zugeben und weitere 20 Minuten köcheln lassen, bis der Kürbis gar ist.

Inzwischen den Ingwer-Limetten-Reis zubereiten. Den grob gehackten Blumenkohl im Standmixer zerkleinern, bis die Konsistenz an Reis erinnert.

Das Kokosöl in einer großen Pfanne erhitzen. Limettenschale, Ingwer und Koriander darin 30 Sekunden anbraten, dann Blumenkohl, 3 EL Wasser und Limettensaft zugeben und 5 Minuten garen.

Das Curry mit Korianderblättern bestreuen und mit etwas frischem Limettensaft beträufeln. Zum Blumenkohl-Reis servieren.

Putenklößchen mit selbst gemachter Tomatensauce und Zucchini-Nudeln

Für 4 Personen

600 g Puten-
  hackfleisch
1 weiße Zwiebel, sehr
  fein gewürfelt
3 Knoblauchzehen,
  geschält
10 g frischer Koriander,
  gehackt
1 TL Paprikapulver
2 Eier, verquirlt
1 EL Kokosöl
2 Selleriestangen, sehr
  fein gewürfelt
2 TL frisch gehackter
  Rosmarin
2 Dosen Tomaten
  (à 400 g)
4 Zucchini, Enden
  abgeschnitten
Salz und Pfeffer

Pute schmeckt nicht nur als Weihnachtsbraten, sondern rund ums Jahr. Das Fleisch ist mager und, wenn es gekonnt zubereitet ist, ganz köstlich. In Kombination mit meinen »Zucchini-Nudeln« (die keinen Blähbauch verursachen) und einer herzhaften Tomatensauce wird dieses Gericht sogar in Italien Begeisterung auslösen.

Den Backofen auf 180 °C vorheizen.

Das Hackfleisch, die Hälfte der Zwiebel, 2 durchgepresste Knoblauchzehen, Koriander, Paprika und Eier in einer Schüssel mit den Händen verkneten. Mit Salz und Pfeffer würzen. Aus der Masse Kugeln mit 3 cm Durchmesser rollen und in den Kühlschrank stellen.

Das Kokosöl bei mittlerer Temperatur in einem Topf 1 Minute erhitzen. Restliche Zwiebel, restlichen, gehackten Knoblauch und Sellerie mit 1 Prise Salz 5 Minuten darin anbraten. Den Rosmarin zugeben und unter ständigem Rühren 1 Minute mitbraten. Tomaten, 1 weitere Prise Salz und etwas frisch gemahlenen Pfeffer zufügen und 10 Minuten köcheln lassen.

Inzwischen die Zucchini mit einem Spiralschneider, Sparschäler oder Küchenmesser in lange, sehr dünne Streifen schneiden.

Die Fleischklößchen aus dem Kühlschrank nehmen. In einen Bräter legen und mit der Tomatensauce übergießen. Im Backofen 20 Minuten garen. Zu den Zucchini-Nudeln servieren.

Hähnchen mit Orange, Fenchel und Granatapfel

Hier stimmt einfach alles: Dieses Gericht ist angenehm zu essen, leicht verdaulich und – ganz wichtig – es schmeckt großartig. Fenchel ist gut für den Magen, und die Antioxidantien aus dem Granatapfel geben ihm den letzten Schliff.

Für 2 Personen

1 Bio-Orange
4 EL Kokosöl oder zerlassene Butter
1 EL Thymian
2 TL Meersalz
1 TL frisch gemahlener schwarzer Pfeffer
4 Hähnchenkeulen
2 kleine Fenchelknollen, geviertelt
½ Granatapfel

Den Backofen auf 200 °C vorheizen.

Die Schale der Orange abreiben. Die Reste der weißen Haut entfernen und das Fruchtfleisch in Achtel schneiden. Orangenschale, Kokosöl oder Butter, Thymian, Salz und Pfeffer in einer Schüssel verrühren. Das Fleisch mit der Marinade einreiben, dann auch Fenchel und Orangenstücke in die Schüssel geben und mit der Marinade mischen. Dabei sollten die Fenchelstücke möglichst ganz bleiben.

Das Fleisch mit der Haut nach oben in einen Bräter legen. Fenchel und Orange dazwischen verteilen. 45 Minuten im Ofen garen. Nach der Hälfte der Zeit das Fleisch mit dem ausgetretenen Saft bepinseln.

Die Granatapfelkerne mit einem Löffel aus der Schale lösen und die bittere weiße Haut entfernen. Die Kerne auf das Brathähnchen streuen und servieren.

Blumenkohl-Pizza
in vier Varianten

Für 2 Pizzaböden mit Tomatensauce

Grundrezept Boden
1 kleiner Blumenkohl, Strunk entfernt, Röschen grob gehackt
2 Eiweiß, verquirlt
1 EL getrockneter Oregano
6 EL Quinoamehl (oder anderes glutenfreies Mehl)
1 TL Kokosöl, zerlassen
1 EL Kokosöl
1 weiße Zwiebel, sehr fein gehackt
1 TL getrockneter Rosmarin
1 Dose Tomaten (400 g)
Salz

Diese Pizza ist die beste Erfindung aller Zeiten: glutenfrei, leicht zuzubereiten und so lecker! Bei den Belägen liebe ich Abwechslung, darum zeige ich hier vier verschiedene Vorschläge. Der Boden ist immer gleich, beim Belag haben Sie die Wahl.

Den Backofen auf 180 °C vorheizen.

Den Blumenkohl im Standmixer sehr fein zerkleinern – feiner als Reis, aber nicht so fein wie Mehl. Eiweiß, 1 große Prise Salz, Oregano und Mehl zufügen und mixen, bis ein Teig entsteht.

Ein Backblech mit Backpapier auslegen und die Hälfte des Teigs daraufgeben. Mit einem zweiten Bogen Backpapier bedecken und den Teig zu einem Kreis von 1 cm Stärke ausrollen oder flach drücken. Die zweite Hälfte des Teigs auf einem zweiten Backblech ebenso ausrollen.

Die Pizzaböden mit dem zerlassenen Kokosöl einpinseln. Beide in den Ofen schieben und 20 Minuten backen.

Inzwischen 1 EL Kokosöl in einem Topf bei mittlerer Temperatur 1 Minute erhitzen. Die Zwiebel mit Rosmarin und 1 Prise Salz 5 Minuten darin anbraten. Die Tomaten zufügen und 10 Minuten köcheln lassen, bis die Sauce etwas reduziert ist.

Die Tomatensauce auf den Böden verteilen. Dann können sie nach Belieben belegt werden.

Bacon und Ricotta

200 g Ricotta, grob zerbröckelt
6 Scheiben Bacon, in mundgerechte Stücke geschnitten

Käse und Bacon auf der Tomatensauce verteilen. 8–10 Minuten
bei 180 °C backen.

Pesto, sonnengetrocknete Tomaten und grüne Oliven

3 EL selbst gemachtes Pesto (s. S. 72)
50 g sonnengetrocknete Tomaten
50 g grüne Oliven

Die Pizza mit der Tomatensauce 8–10 Minuten bei 180 °C backen.
Den Belag erst anschließend darauf verteilen.

Käse und Paprika

½ rote Paprikaschote, in 1 cm breite Streifen geschnitten
100 g Mozzarella, in dünne Scheiben geschnitten
1 rote Chilischote, entkernt und fein gehackt

Alle Zutaten auf der Tomatensauce verteilen und 8–10 Minuten
bei 180 °C backen.

Ziegenkäse, Spinat und Pinienkerne

100 g Blattspinat
100 g Ziegenkäse, in Stücke gerissen
50 g Pinienkerne
Salz und Pfeffer

Den Spinat mit kochendem Wasser übergießen und 1 Minute stehen
lassen, dann abgießen.

Alle Zutaten auf der Tomatensauce verteilen und 8–10 Minuten bei
180 °C backen.

Ziegenkäse, Spinat
und Pinienkerne

Pesto, sonnen-
getrocknete Tomate
und grüne Oliven

Käse und
Paprika

Bacon und
Ricotta

Quinoa-Burger
mit Tahin-Sauce

Für 2 Personen (ergibt 6 Burger)

125 g Quinoa
250 ml kochendes Wasser oder Hühnerbrühe
1 Zucchini, geraspelt
2 Frühlingszwiebeln, fein gehackt
2 Knoblauchzehen, zerdrückt
2 Eier, verquirlt
abgeriebene Schale von 1 Bio-Limette
30 g Schnittlauch, gehackt
30 g Quinoamehl (alternativ gemahlene Mandeln, Buchweizenmehl, Hafermehl oder Reismehl)
1 EL Kokosöl
1 kleiner Romanasalat, in Blätter zerteilt, zum Servieren
einige Romanasalatblätter in Streifen geschnitten, zum Servieren
Salz und Pfeffer

Tahin-Sauce
1 Knoblauchzehe, zerdrückt
50 g Tahin (Sesammus)
1 TL gemahlener Kreuzkümmel
Saft von 1 Limette
1 TL Miso-Paste
1 EL natives Olivenöl extra

Ich mag Fleisch, esse aber ab und zu auch gern vegetarische Burger. Die milde Tahin-Sauce passt perfekt dazu, und auf ein glutenhaltiges Brötchen kann man getrost verzichten. Toll zum Grillen!

Die Quinoa mit kochendem Wasser oder Brühe und 1 Prise Salz in einen Topf geben. Zum Kochen bringen, dann bei schwacher Hitze 12–15 Minuten köcheln lassen, bis die Quinoa die Flüssigkeit ganz aufgesogen hat.

Die geraspelte Zucchini gut ausdrücken. Mit Frühlingszwiebeln, Knoblauch, Eiern, Limettenschale, Schnittlauch, Mehl sowie je 1 Prise Salz und Pfeffer und der abgekühlten Quinoa in eine Schüssel geben. Alles mit den Händen gut verkneten. 30 Minuten in den Kühlschrank stellen. (Sie können die Masse auch am Vortag zubereiten und über Nacht kalt stellen.)

Alle Zutaten für die Tahin-Sauce im Standmixer gründlich mischen.

Aus der Quinoa-Masse sechs flache Burger formen. Das Kokosöl in einer Pfanne bei hoher Temperatur erhitzen und die Burger mit einem Pfannenwender vorsichtig hineinlegen. Von jeder Seite 3–4 Minuten braten.

Die Sauce dazu servieren und mit Salatstreifen bestreuen. Die ganzen Salatblätter ersetzen das Brötchen.

Lammschulter mit Miso, Aubergine und Blumenkohl-Reis

Für 6–8 Personen

4 EL Miso-Paste
3 EL Honig
2 EL Kokosöl oder
  Butter
2 Auberginen, längs in
  1 cm dicke Scheiben
  geschnitten
2 kg Lammschulter
  mit Knochen
1 Prise Salz
50 g Sesamsamen
  (nach Belieben)

Klassischer
Blumenkohl-Reis
Für 8 Personen

2 Köpfe Blumenkohl,
  Strünke entfernt,
  Röschen grob
  gehackt
2 EL natives Olivenöl
  extra
Salz und Pfeffer

Langsam gegarter Lammbraten ist meine Spezialität. Dieses Rezept gelingt im Slowcooker und im Backofen gleichermaßen gut. Süßer Honig harmoniert großartig mit dem Lammfleisch. Erwarten Sie nicht, dass Reste übrig bleiben.

Miso-Paste, Honig und Kokosöl oder Butter in einem Topf einige Minuten erwärmen.

Den Slowcooker auf niedrige Stufe stellen oder den Backofen auf 130 °C vorheizen.

Die Auberginen mit etwas Miso-Mischung bestreichen und auf den Boden des Slowcookers oder eines großen Gusseisenbräters legen. Das Lammfleisch mit der restlichen Miso-Mischung einreiben und auf die Auberginen geben. Mit 1 Prise Salz bestreuen und den Deckel auflegen. Im Slowcooker oder Backofen 7 Stunden garen.

Den fertigen Braten nach Belieben mit Sesam bestreuen. Zu dem herrlich mürben Fleisch passt klassischer Blumenkohl-Reis (unten).

Klassischer Blumenkohl-Reis

Den grob gehackten Blumenkohl einige Minuten im Standmixer zerkleinern, bis die Konsistenz an Reis erinnert.

100 ml Wasser in einem großen Topf zum Kochen bringen. Blumenkohl und 1 Prise Salz hineingeben und 5 Minuten köcheln lassen. Jede Minute umrühren.

Abtropfen lassen, dann Olivenöl unterrühren und mit frisch gemahlenem Pfeffer bestreuen.

Hähnchenschnitzel mit Süßkartoffel-Pommes

Für 2 Personen

1 große oder 2 kleine
  Süßkartoffeln,
  geschält
1 Ei, getrennt
1 TL geräuchertes Pa-
  prikapulver (Pimentón
  de la Vera)
3–4 EL Kokosöl
50 g Buchweizenmehl,
  Reismehl oder gemah-
  lene Mandeln
70 g Buchweizengrütze
abgeriebene Schale von
  1 Bio-Zitrone
1 Knoblauchzehe
2 EL gehackte Petersilie
2 Hähnchenbrüste ohne
  Haut
Salz und Pfeffer

Semmelbrösel suchen Sie hier vergeblich. Diese Hähnchenschnitzel werden mit einer würzigen Mischung aus Buchweizen, Knoblauch und Petersilie paniert. Sie schmecken köstlich zu den Süßkartoffelstiften, die mit Ei bestrichen werden, damit sie – ganz ohne Fritteuse – knusprig ausbacken.

Den Backofen auf 200 °C vorheizen. Die Süßkartoffel in 1 cm dicke Stifte schneiden. Das Eiweiß einige Sekunden verquirlen, dann Salz, Pfeffer und geräuchertes Paprikapulver unterrühren. Die Süßkartoffelstifte in die Eiweißmischung tauchen und gleichmäßig auf einem Backblech verteilen. 2 EL Kokosöl zerlassen, über die Stifte träufeln und alles gründlich mischen.

Die Süßkartoffelstifte 30 Minuten im Backofen garen. Nach der Hälfte der Zeit einmal wenden, damit sie gleichmäßig bräunen.

Mehl oder gemahlene Mandeln in eine Schüssel geben. In einer anderen Schüssel das Eigelb mit der restlichen Eiweißmischung verquirlen. Buchweizengrütze, abgeriebene Zitronenschale, Knoblauch und Petersilie mit je 1 Prise Salz und Pfeffer im Standmixer 3–4 Minuten zerkleinern, bis die Konsistenz an Paniermehl erinnert. In eine Schüssel umfüllen und zur Seite stellen.

Die Hähnchenbrüste längs aufschneiden und aufklappen. Mit einem Rollholz auf eine Dicke von 1 cm flach klopfen. Das Fleisch mit Salz und Pfeffer würzen, in Mehl oder Mandeln wenden, in die Eimischung tauchen und zuletzt in den Buchweizenbröseln wenden.

1 EL Kokosöl in einer Pfanne bei mittlerer Temperatur erhitzen. Das Fleisch darin von jeder Seite 4 Minuten goldbraun braten. Es soll ganz durchgegart sein. Falls nötig, die Schnitzel nacheinander braten. Zu den Süßkartoffel-Pommes servieren.

Süßes zum Schluss

Roher Zitronen-Käsekuchen

Ergibt 12 Stücke

400 g Cashewkerne
200 g Medjool-Datteln,
    entsteint
200 g Mandelblättchen
    oder blanchierte Mandeln
150 g Kokosraspel
2 EL Kokosöl
2 Prisen Salz
abgeriebene Schale von
    3 Bio-Zitronen
300 ml Mandelmilch
200 ml frisch gepresster
    Zitronensaft
160 g Kokosbutter
1 TL Vanillepulver
260 g Honig
leicht geröstete Kokosflakes
    und Rosenblütenblätter
    zum Garnieren

Für dieses Rezept brauchen Sie Kokosbutter, die herrlich cremig ist und einfach himmlisch schmeckt. Der Kuchen wird nicht gebacken. Es fällt schwer, ihn nicht in einem Rutsch zu verputzen!

Die Cashewkerne mit Wasser bedecken, 4 Stunden stehen lassen, dann abgießen und beiseitestellen.

Datteln, Mandeln und Kokosraspel mit 1 EL Kokosöl, 1 Prise Salz und abgeriebener Schale von 2 Zitronen im Standmixer fein zerkleinern. Weitermixen, bis ein Teig entsteht. Den Teig auf dem Boden einer Springform (25 cm ø) gleichmäßig verteilen.

Eingeweichte Cashewkerne, Mandelmilch, Zitronensaft, abgeriebene Schale von 1 Zitrone, Kokosbutter, 1 Prise Salz, Vanillepulver, Honig und 1 EL Kokosöl im Standmixer zu einer glatten Masse verarbeiten. Auf den Boden geben und mindestens 2 Stunden tiefkühlen. Dann in den Kühlschrank stellen.

Zum Servieren mit leicht gerösteten Kokosflocken und Rosenblütenblättern garnieren.

Hinweis:
Alle roh zubereiteten Desserts in diesem Kapitel halten sich im Kühlschrank 1–2 Wochen. Alle gebackenen Kuchen halten sich im Kühlschrank 2–3 Tage.

Sticky Toffee Pudding
mit Vanillesauce

Für 4–6 Personen

100 ml frisch auf-
gekochtes Wasser
250 g Datteln, entsteint
3 Eier
100 g Kokosöl oder
Butter und etwas mehr
zum Einfetten
275 g gemahlene Man-
deln (oder glutenfreies
Mehl)
1 EL Natron
1 Prise Meersalz
2 TL Zimt
1 TL gemahlener Ingwer
2 EL Honig
4 EL Pekannüsse,
zerdrückt
Zimt zum Bestäuben

Vanillesauce
500 ml Mandel-, Reis-
oder Kokosmilch
2 EL Honig oder
Kokoszucker
Mark von 2 Vanille-
schoten
6 Eigelb

Dies ist ein klassisches Dessert, das in vielen engli-schen Restaurants auf der Karte steht. Es war aber eine Herausforderung, eine gesunde Variante zu entwickeln. Hier ist sie – mit saftigen Datteln, weichem Teig und Vanillesauce ohne Milch. Ich glaube, das wird Ihnen gefallen.

Den Backofen auf 160 °C vorheizen.

Heißes Wasser und Datteln in einen Topf geben und bei mittlerer Hitze 4 Minuten köcheln lassen. Datteln und Flüssigkeit im Standmixer 2 Minuten pürieren. Eier und Kokosöl oder Butter zugeben und nochmals mixen. Gemahlene Mandeln, Natron, Salz und Gewürze vorsichtig unterheben.

Eine kleine Kastenform (1 l Fassungsvermögen) mit Kokosöl oder Butter fetten und den Teig hineinfüllen. Mit Alufolie abdecken und 35 Minuten im Ofen backen. In den letzten 5–10 Minuten die Folie abnehmen, damit die Kruste schön braun wird.

Für die Sauce Milch, Honig oder Kokoszucker und Vanille (mit den ausgekratzten Schoten) in einem kleinen Topf bei mittlerer bis hoher Temperatur erhitzen. Die Eigelbe in einer Schüssel verquirlen, dann die heiße (aber nicht kochende) Milch zugießen und kräftig rühren. Wieder in den Topf geben und bei schwacher Hitze unter ständigem Rühren erhitzen, bis die Sauce etwas eindickt. Vom Herd nehmen, wieder in die Schüssel gießen und abkühlen lassen.

Den Pudding aus dem Ofen nehmen und die Form auf ein Küchen-gitter stellen. Den Honig bei schwacher Hitze schmelzen und mit einem Messer gleichmäßig auf der Oberfläche verteilen. Mit Pekan-nüssen bestreuen. Den Pudding mit Zimt bestäuben und mit der Sauce servieren.

Rote Schoko-Cupcakes
mit Kokossahne

Ergibt 18 Stück

250 g Buchweizen-
   mehl (oder anderes
   glutenfreies Mehl)
3 EL Rohkakaopulver
1 TL Zimt und etwas
   mehr zum Bestäuben
2 TL Backpulver
½ TL Natron
200 g Butter
250 g Kokoszucker
   oder Honig
2 kleine Rote Beten,
   fein geraspelt
Mark von
   ½ Vanilleschote
2 große Eier
150 ml Kokosmilch
   (oder andere Milch
   nach Belieben)
Kokossahne (s. S. 222)
   zum Servieren

Diese traumhaften Cupcakes können Sie ohne schlechtes Gewissen genießen. Die tolle Farbe bekommen sie
ganz ohne künstliche Zusatzstoffe – nur durch Rote Bete.
Als Grundzutat fungiert hier glutenfreies Buchweizenmehl. Das Resultat ist einfach großartig.

Den Backofen auf 160 °C vorheizen.

18 Papierförmchen in zwei Muffinbleche setzen. In einer Schüssel
Mehl, Kakao, Zimt, Backpulver und Natron verrühren. Butter und
Kokoszucker oder Honig einige Minuten in der Küchenmaschine
schaumig schlagen, dann Rote Bete und Vanillemark unterrühren.
Die Mischung zu den trockenen Zutaten geben. Die Eier einzeln
unterrühren. Zuletzt die Milch zufügen und gut verrühren.

Den Teig in den Muffinförmchen verteilen, 18 Minuten backen,
dann abkühlen lassen. Erst danach mit Kokossahne (siehe Seite 222)
garnieren und mit Zimt bestäuben.

Kokossahne

Die locker-luftige Creme enthält gesunde Fette und ist eine gute Alternative zu Schlagsahne. Sie fördert die Fruchtbarkeit und trägt dazu bei, dass die Haut jung und frisch aussieht.

Für 12–18 Personen (als Beigabe)

1 Dose Kokosmilch (400 ml)
½ TL Zimt

Bereits am Vortag die ungeöffnete Dose mit der Kokosmilch kopfüber in den Kühlschrank stellen. Außerdem eine Schüssel danebenstellen.

Kurz vor dem Servieren die Dose öffnen und die Flüssigkeit, die sich von der Creme getrennt hat, abgießen. Sie können die Flüssigkeit für Smoothies verwenden oder einfach zwischendurch trinken.

Die Creme aus der Dose in die gekühlte Schüssel umfüllen und mit einem Handmixer schaumig aufschlagen. Den Zimt zufügen und nochmals aufschlagen.

Sie können die Kokossahne auch mit Honig, Rohkakao oder Vanille aromatisieren.

Dreierlei Eis ohne Milch

Dieses Gericht erinnert mich an meine Kindheit. Nach dem Essen im Pizza Express gab es zum Abschluss immer ein Eis. Diese Variante (Foto auf der nächsten Seite) gelingt ganz leicht – auch ohne Eismaschine. Sie schmeckt köstlich und ist obendrein gesund.

Für 2 Personen

1 Dose Kokosmilch (400 ml)
3 Bananen, geschält und über Nacht tiefgekühlt
1 EL Rohkakaopulver
1 Vanilleschote
5 gefrorene Erdbeeren

Die Dosen mit der Kokosmilch öffnen und gut umrühren, falls sich die Schichten getrennt haben.

Für das Schokoladeneis: 1 Banane mit einem Drittel der Kokosmilch und dem Kakaopulver im Standmixer cremig pürieren. In eine Schüssel umfüllen.

Für das Vanilleeis: 1 Banane mit einem Drittel der Kokosmilch und der ganzen Vanilleschote im Standmixer cremig pürieren. In eine Schüssel umfüllen.

Für das Erdbeereis: 1 Banane mit einem Drittel der Kokosmilch und den Erdbeeren im Standmixer cremig pürieren. In eine Schüssel umfüllen.

Alle drei Eiscremes auf Tellern anrichten.

Rohe Schoko-Brownies

Das ist mein liebstes glutenfreies Dessert. Haselnüsse machen es herrlich saftig, und der Rohkakao bringt den Energiehaushalt auf Touren. Da bleibt es garantiert nicht bei einem Bissen.

Für 6 Personen

150 g ganze Haselnüsse
150 g Medjool-Datteln, entsteint
1 kleine Prise Salz
50 g Rohkakaopulver
3 EL Kokosöl

Die Haselnüsse im Standmixer 3 Minuten fein zerkleinern. Datteln, Salz und Kakao zufügen und bei laufendem Motor langsam das Kokosöl zugeben. Einige Minuten mixen, bis die Masse schön cremig ist. Mit einem Teigschaber in eine eckige Form umfüllen. 30 Minuten tiefgefrieren, dann bis zum Servieren in den Kühlschrank stellen. Dazu schmeckt mein Dreierlei Eis (siehe Seite 223) unwiderstehlich gut.

Rohe Schoko-Kirsch-Bissen

Wenn Sie schlecht einschlafen können, versuchen Sie es einmal mit Kirschen. Diese Bissen mit ihrer weichen Konsistenz dürfen Sie sich auch am Abend gönnen, am besten zu einer Tasse Kamillentee. Mandelmus versorgt Ihre Haut mit einer Extraportion Vitamin E.

Für 6 Personen
100 g Mandelmus (oder anderes Nussmus)
100 g Kokosöl und etwas Kokosöl zum Einfetten
50 g Rohkakaopulver
100 g Honig
Mark von ½ Vanilleschote
1 Prise Meersalz
50 g getrocknete Kirschen

Mandelmus und Kokosöl im Standmixer 1 Minute verrühren. Den Rohkakao sieben und zufügen, dann die restlichen Zutaten – bis auf die Kirschen – zugeben und einige Minuten mixen, bis eine zähe Masse entstanden ist. Nun die Kirschen mit einem Löffel unterrühren.

Einen Backrahmen (24 x 24 cm) mit Kokosöl einfetten. Die Masse mit einem Teigschaber aus dem Mixer nehmen und auf dem Blech verstreichen. 30 Minuten tiefkühlen, bis die Masse fest ist.

Bananen-Zimt-Kuchen

Mein Freund serviert in seinem Restaurant einen berühmten Bananenkuchen. Ich habe nur einige Zutaten ausgetauscht, damit er noch gesünder wird. Er schmeckt übrigens auch zum Frühstück prima. In Sydney habe ich oft Bananenkuchen mit Kokosnuss zum Frühstück gegessen.

Für 6–8 Personen

1 Vanilleschote
110 g Butter oder Kokosöl, zerlassen
250 g Kokoszucker
4 reife Bananen
4 EL Mandel-, Reis-, Kokos- oder Vollmilch
1 Ei
1 TL Backpulver
½ TL Natron
275 g Reismehl, gemahlene Mandeln oder Buchweizenmehl

Den Backofen auf 180 °C vorheizen.

Die Vanilleschote aufschlitzen und Mark mit einem Messerrücken herausschaben. Alle Zutaten in der Küchenmaschine gründlich miteinander mischen. Eine kleine Kastenform (1 l Fassungsvermögen) mit Backpapier auslegen, den Teig hineinfüllen und 50 Minuten backen. Er soll innen noch etwas weich sein.

Aus der Form nehmen, abkühlen lassen und zugreifen.

Sehr lecker mit selbst gemachter Schoko-Haselnuss-Creme (siehe Seite 86) oder Chia-Himbeer-Konfitüre (siehe Seite 85).

Rohe Schoko-Avocado-Mousse

Bereiten Sie vorsichtshalber eine größere Menge dieser Mousse zu, wenn Gäste kommen – denn sie werden begeistert sein. Manche Leute meinen, Avocado gehöre nicht in süße Desserts. Aber glauben Sie mir, mit der herrlich samtigen Konsistenz der Mousse können die konventionellen Rezepte nicht mithalten.

Für 2 Personen
1 reife Avocado, entkernt, Fleisch ausgelöst
1 reife Banane, geschält
3 EL Kokosöl
4 EL Rohkakaopulver
1 Prise Meersalz
100 ml Mandel-, Kokos- oder Reismilch, bei Bedarf etwas mehr
1 Handvoll gefrorene Himbeeren
Honig zum Servieren (nach Belieben)

Avocado, Banane, Kokosöl, Kakao und Salz im Standmixer glatt pürieren. Bei laufendem Motor langsam die Milch zugießen, bis eine cremige Masse entsteht. Ist die Creme noch zu fest, rühren Sie etwas mehr Milch ein.

Die Creme in zwei Dessertgläser füllen und 30 Minuten tiefkühlen. Dann bis zum Servieren in den Kühlschrank stellen.

Die Himbeeren mit den Fingern zerbröseln und auf die Desserts streuen. Wer möchte, träufelt zum Süßen etwas Honig darüber.

Supergesunde Riegel

Knabbern Sie so einen Riegel vor dem Sport oder wenn der Nachmittags-Durchhänger kommt. Sie enthalten kein Getreide, dafür aber proteinreiche Nüsse.

Ergibt 16 Riegel

200 g Pekannüsse
300 g ganze Haselnüsse
150 g Datteln, entsteint
1 reife Banane, geschält
4 EL Honig
150 g Sonnenblumenkerne
30 g Kokosöl oder Butter
1½ EL Zimt
1½ EL gemahlener Ingwer
Kokosöl oder Butter zum Einfetten
1 Prise Meersalz

Den Backofen auf 180 °C vorheizen.

Die Nüsse in einem Standmixer 30–60 Sekunden grob zerkleinern. In eine Schüssel umfüllen. Alle übrigen Zutaten in den Mixer geben und einige Minuten fein pürieren. Die Mischung über die Nüsse gießen und alles mit einem Kochlöffel verrühren.

Ein kleines Backblech (etwa 24 × 35 cm) mit Kokosöl oder Butter einfetten und mit Backpapier auslegen. Die Masse darauf verteilen und 20–25 Minuten backen. Sie soll außen knusprig und innen noch weich sein.

Aus dem Ofen nehmen, kurz abkühlen lassen, dann aus der Form nehmen und vollständig abkühlen lassen. Anschließend in Riegel schneiden.

Dattel-Pistazien-Plätzchen

Für diese Plätzchen stand Gebäck aus dem Nahen Osten Pate. Ich backe sie mit Kokoszucker, der aus dem Saft von Kokosnüssen gewonnen wird und ein sehr gesundes Süßungsmittel ist. Sie glauben gar nicht, wie gern ich die Plätzchen mag!

Ergibt 12 Stück

200 g Kokoszucker *60 g Uckocklürenzucker (sehr süß)*
125 g Butter oder Kokosöl
1 Ei, verquirlt
250 g Buchweizenmehl (oder anderes glutenfreies Mehl)
½ TL Salz
½ TL Backpulver
50 g rohe, ungesalzene Pistazienkerne, grob gehackt
50 g Datteln, entsteint und gehackt

Den Backofen auf 160 °C vorheizen.

Kokoszucker und Butter oder Kokosöl in der Küchenmaschine cremig rühren, dann in eine Schüssel umfüllen. Das verquirlte Ei zufügen und behutsam unterrühren. Langsam das Mehl zugeben und jede Portion sorgfältig unterheben.

Zuletzt Salz, Backpulver, Pistazienkerne und Datteln unter den Teig mischen.

Ein Backblech mit Backpapier belegen. Aus dem Teig zwölf *ca.25* walnuss-große Kugeln formen, auf das Backblech legen und etwas flach drücken.

8 Minuten backen, dann 10 Minuten abkühlen lassen und ... genießen.

Gefüllte Ingwerplätzchen

Plätzchen und Milch ... das weckt Kindheitserinnerungen. Sie stecken auch in diesem Rezept für kleine Teigschälchen, die mit Milch gefüllt werden. Das sieht toll aus und ist eine lustige Abwechslung zu konventionellen Plätzchen. Haferflocken geben dem Teig Biss, Ingwer steuert eine leichte Schärfe bei und gesüßt werden sie mit Kokoszucker.

Ergibt 16 Stück

200 g Kokoszucker
150 g Butter oder Kokosöl und etwas mehr zum Einfetten
1 Ei
275 g Haferflocken
½ TL Salz
1 EL gemahlener Ingwer
250 ml Mandelmilch und Beeren nach Wahl zum Servieren

Den Backofen auf 180 °C vorheizen.

Kokoszucker und Butter oder Kokosöl in der Küchenmaschine verrühren. Das Ei zugeben und sorgfältig unterrühren. Dann Haferflocken, Salz und Ingwer zufügen und einige Minuten weitermixen, bis sich ein Teig bildet.

16 Muffinförmchen mit Kokosöl fetten. Den Teig gleichmäßig in den Förmchen verteilen und so an den Boden und die Wand jedes Förmchens drücken, dass die Teigschicht etwa 0,5 cm dick ist.

10–12 Minuten backen, dann abkühlen lassen.

Etwas Mandelmilch in die Teigschälchen gießen, mit Beeren bestreuen und sofort genießen.

Kirsch-Streusel mit Cashewcreme

Für 6 Personen

600 g Kirschen (oder
  Beeren), entsteint
1 EL Honig
1 TL Zimt
1 TL frisch geriebene
  Muskatnuss
abgeriebene Schale
  und Saft von
  1 Bio-Orange
100 g Mandeln
200 g Haferflocken
1 kleine Prise
  Meersalz
75 g Kokosöl oder
  Butter
100 g Walnusskerne

Cashewcreme
150 g Cashewkerne
150 ml Wasser oder
  Kokoswasser
1 Msp. Vanille-
  mark oder ½ TL
  Vanillepulver
½ TL Zimt
1 Msp. Salz
1 Medjool-Dattel,
  entsteint (nach
  Belieben)

Kirschen schmecken nach Sommer, und auch eine nussige Streuselschicht steht ihnen gut. Die Nüsse liefern eine Extraportion Vitamin E, das die Haut zum Strahlen bringt – einen ganzen Sommerabend lang.

Den Backofen auf 180 °C vorheizen.

Kirschen, Honig, Zimt, Muskatnuss sowie abgeriebene Schale und Saft der Orange in einen Topf geben. Bei mittlerer Hitze 5–8 Minuten köcheln lassen, bis die Kirschen weich werden.

Für die Streusel Mandeln, Haferflocken, Salz, Kokosöl oder Butter und Walnusskerne im Standmixer 30 Sekunden grob zerkleinern. Nicht zu fein, sie sollen noch Biss haben.

Die Kirschen in eine hohe Kastenform (1 l Fassungsvermögen) geben. Die Streusel darauf verteilen und 25–30 Minuten backen, bis sie goldbraun sind.

Alle Zutaten für die Cashewcreme im Standmixer 3–5 Minuten cremig rühren. Zu den heißen Kirschen servieren.

Wenn Sie keine Kirschen bekommen können, verwenden Sie 200 g Äpfel und 200 g Beeren.

Pekan-Bissen

Für größere Runden finde ich kleine Bissen großartig, weil jeder zugreifen kann. Die knackigen Pekannüsse bilden einen tollen Kontrast zu dem zarten Teig, und auch die Mischung aus Datteln und Zimt ist sehr ausgewogen.

150 g Datteln fein hacken und mit dem heißen Wasser übergießen. Zur Seite stellen.

Für den Teig 100 g Pekannüsse, Mandeln, Kokosraspeln, 1 EL Kokosöl, Salz und 150 g der nicht eingeweichten Datteln einige Minuten im Standmixer zerkleinern. Ein kleines Backblech oder eine Kuchenform (etwa 24 × 35 cm) mit Kokosöl einfetten und den Teig einfüllen. Er soll eine 2,5 cm dicke Schicht bilden.

Die eingeweichten, abgekühlten Datteln mit der Einweichflüssigkeit, 200 g Pekannüsse, 4 EL Kokosöl, Zimt, Milch und Honig einige Minuten im Standmixer glatt pürieren.

Die restlichen Pekannüsse (50 g) grob hacken, auf dem Teig verteilen und alles zum Festwerden 1 Stunde ins Tiefkühlfach stellen. Danach in mundgerechte Stücke schneiden und im Kühlschrank aufbewahren.

Die Bissen halten sich im Kühlschrank 10 Tage.

Für 8 Personen

300 g Medjool-Datteln, entsteint
50 ml frisch aufgekochtes Wasser
350 g Pekannüsse und etwas mehr zum Bestreuen
50 g Mandeln
50 g Kokosraspel
5 EL Kokosöl und etwas mehr zum Einfetten
1 Prise Salz
1 TL Zimt
50 ml Mandelmilch, Reismilch oder Hafermilch
2 EL Honig

Birnentarte mit Mandeln

Ergibt 8 Stücke

Birnen
1 Vanilleschote
1 EL gemahlener Zimt
100 g Honig
4 Birnen, geschält, ent-
  kernt und halbiert

Teig
50 g Butter oder
  Kokosöl und
  etwas Kokosöl zum
  Einfetten
1 EL Honig
Mark von ½ Vanille-
  schote oder 1 TL
  Vanillepulver
1 Ei
1 kleine Prise Salz
200 g gemahlene
  Mandeln

Belag
120 g gemahlene
  Mandeln
150 g Honig
3 Eier
125 g Butter oder
  Kokosöl
geröstete Mandel-
  blättchen und frische
  Beeren zum Servieren

Ich liebe Mürbeteig. Ich bin geradezu verrückt danach.
Dieser knusprige Mandelteig harmoniert wunderbar mit
den süßen, weichen Birnen. Backen Sie diesen Kuchen
als Sonntagsüberraschung!

Den Backofen auf 160 °C vorheizen.

300 ml Wasser, Vanilleschote, Zimt und Honig in einem kleinen Topf
sprudelnd aufkochen. Die Birnen zugeben und bei geschlossenem
Deckel 20 Minuten pochieren. Dann aus dem Sud entnehmen und
zur Seite stellen.

Inzwischen für den Teig alle Zutaten bis auf die gemahlenen Mandeln
in der Küchenmaschine fein zerkleinern. Die gemahlenen Mandeln
nur unterheben. Eine Pie-Form (26 cm ø) mit Kokosöl einfetten. Den
Teig mit den Händen gleichmäßig auf dem Boden verteilen und
auch an den Rand drücken. Den Teig mit einer Gabel mehrmals
einstechen. 10–15 Minuten backen, bis er hellbraun ist.

Inzwischen für den Belag gemahlene Mandeln, Honig, Eier und
Butter oder Kokosöl in der Küchenmaschine verrühren.

Die Masse auf dem vorgebackenen Boden verteilen. Die Birnen
darauflegen und nochmals 30 Minuten backen.

Mit gerösteten Mandelblättchen sowie frischen Beeren garnieren
und servieren.

Erdbeerkuchen mit Kokossahne

Ergibt 12 Stücke

170 g Butter oder
   Kokosöl und
   etwas Kokosöl zum
   Einfetten
300 g gemahlene
   Mandeln (oder
   glutenfreies Mehl)
1 TL Backpulver
170 g Kokoszucker
   oder Honig
Mark von ½ Vanille-
   schote
3 große Eier
300 g Erdbeeren,
   geputzt und halbiert
Kokossahne (s. S. 222)
   zum Servieren (nach
   Belieben)

Meine Version des klassischen Mandelkuchens wird
durch frische Früchte besonders saftig. Mit Kokossahne
schmeckt er einfach verführerisch. Mit der Vorbereitung
der Kokossahne müssen Sie schon am Vortag beginnen
(siehe Seite 222).

Den Backofen auf 160 °C vorheizen. Eine runde Backform (23 cm ø)
großzügig mit Kokosöl einfetten und mit Backpapier auslegen.

Gemahlene Mandeln oder glutenfreies Mehl und Backpulver in einer
großen Schüssel mischen. Butter oder Kokosöl, Kokoszucker oder
Honig und Vanille in der Küchenmaschine schaumig aufschlagen.
Die Eier einzeln zugeben und unterrühren, dann langsam das Mehl
hinzufügen. Den Teig in eine Schüssel geben und die Erdbeeren
unterheben. In die Form füllen und 45 Minuten backen.

Nach Belieben mit Kokossahne servieren.

Zitronen-Cupcakes
mit Pistazien

Cupcakes machen einfach gute Laune. Diese haben ein
frisches Zitronenaroma und knackigen Biss durch die
Pistazien. Perfekt als Leckerei am Nachmittag.

Ergibt 8 Stück

170 g gemahlene Mandeln
1 TL Natron
1 Prise Salz
abgeriebene Schale von 3 Bio-Zitronen
70 g Honig oder Kokoszucker
70 g Butter oder Kokosöl
3 Eier
Saft von 2 Zitronen
50 g rohe Pistazienkerne, fein gehackt,
    und einige Pistazienkerne zum Bestreuen

Den Backofen auf 180 °C vorheizen. 8 Papierförmchen einfetten.

Gemahlene Mandeln, Natron, Salz und Zitronenschale in einer
Schüssel mischen. Honig oder Kokoszucker und Butter oder Kokosöl in der Küchenmaschine verrühren. Die Eier einzeln zugeben
und unterrühren, dann den Zitronensaft zufügen. Zur Mandelmischung in die Schüssel geben und gut verrühren. Den Teig in die
Papierförmchen füllen und mit den Pistazienkernen bestreuen.

18–20 Minuten backen, dann aus dem Ofen nehmen und mit den
restlichen Pistazienkernen bestreuen.

In einem luftdicht schließenden Behälter können die Cupcakes
einige Tage aufbewahrt werden.

Apfeltarte

Diese Tarte ist ein Klassiker, aber ich habe sie mit ein paar extra Superfoods noch zusätzlich verfeinert. Chia-Samen dienen als Bindemittel für die Äpfel, und der Zimt reguliert den Blutzuckerspiegel. Greifen Sie ohne schlechtes Gewissen zu!

Den Backofen auf 150 °C vorheizen.

Für den Boden die Walnusskerne im Standmixer sehr fein zerkleinern. Die restlichen Zutaten für den Boden zugeben und alles zu einem Teig verarbeiten. Den Teig auf einer leicht bemehlten Arbeitsfläche zu einem Kreis ausrollen, der etwas größer als die Form ist.

Eine runde Backform mit losem Boden (26 cm ø) mit Kokosöl einfetten. Den Teig mithilfe des Rollholzes hineinheben und andrücken. Zur Seite stellen.

Für den Belag die Birnen mit Chia-Samen, abgeriebener Zitronenschale und Honig mischen und 15 Minuten quellen lassen.

Die Äpfel vierteln, dann in sehr dünne Spalten schneiden. Die Hälfte der Äpfel auf den Teig legen. Mit der Hälfte des Zimts bestreuen und die Hälfte der Butter oder des Kokosöls darauf verteilen.

Die Birnen-Chia-Samen-Mischung auf die Äpfel geben, dann die restlichen Apfelspalten auflegen. Mit dem restlichen Zimt bestreuen und die restliche Butter (oder das restliche Kokosöl) darauf verteilen. 25–30 Minuten goldbraun backen.

Wenn der Teig schön knusprig ist, die Tarte aus dem Ofen nehmen und abkühlen lassen. Vor dem Servieren mit Zimt bestäuben.

Ergibt 8 Stücke

Boden
200 g Walnusskerne
75 g Kokosraspel
80 g Datteln, entsteint (vorzugsweise Medjool)
3 EL Butter oder Kokosöl und etwas Kokosöl zum Einfetten
1 EL Honig
1 EL Zimt
1 Prise Salz
1 TL zerriebene Vanilleschote
2 Eier
abgeriebene Schale von 1 Bio-Zitrone
glutenfreies Mehl zum Arbeiten

Belag
3 Birnen, geschält, entkernt und in Scheiben geschnitten
100 g Chia-Samen
abgeriebene Schale von 1 Bio-Zitrone
3 EL Honig
2 große grüne Kochäpfel, geschält und entkernt
1 EL Zimt
1 EL Butter oder Kokosöl
Zimt zum Servieren

Schoko-Bananen

Dies ist das perfekte Dessert, wenn es etwas zu feiern gibt – vor allem mit Kindern. Es ist unglaublich einfach, und statt Bananen können Sie auch andere Früchte verwenden. Amüsieren Sie sich gut!

Für 4 Personen
2 Bananen, geschält und quer halbiert
100 g Kakaobutter, in kleine Würfel geschnitten
30 g Rohkakaopulver
2 EL Honig oder Kokoszucker
Mark von ½ Vanilleschote oder 1 TL Vanillepulver
1 Msp. Salz
Kokosraspel, Nüsse oder Samen zum Servieren

In die Schnittflächen der Bananen vorsichtig Eisstiele stecken. Die Bananen mindestens 3–4 Stunden oder über Nacht ins Gefrierfach legen.

Die Kakaobutter in einem Topf bei sehr schwacher Hitze unter ständigem Rühren schmelzen. Die restlichen Zutaten bis auf Kokosraspel, Nüsse und Samen unter ständigem Rühren zugeben.

Die Bananen aus dem Gefrierfach nehmen. Den Topf neigen und eine Banane eintauchen. Danach sofort mit Kokosraspeln, Nüssen oder Samen bestreuen. Falls die Schokoladenglasur beim ersten Versuch zu schnell fest wird, die Banane einfach noch einmal eintauchen.

Mit den anderen Bananen ebenso verfahren.

Drinks für jede Gelegen-heit

Energie

Diese drei Drinks stecken randvoll mit Vitaminen – genau richtig, bevor Sie zum Sport aufbrechen. Die Zutaten sind jeweils für eine Person berechnet.

Vor dem Sport

4 mittelgroße Möhren
2 Rote Beten
2 Handvoll Petersilie
1 Stück Ingwer (2 cm), geschält

Alle Zutaten entsaften und am gleichen Tag trinken.

Nachmittags-Kick

1 Handvoll Spinat
5 Blätter Romanasalat
½ Salatgurke
4 Selleriestangen
1 Zitrone, geschält und weiße Haut entfernt
1 Apfel, geschält und entkernt
1 Stück Ingwer (2 cm), geschält
½ TL Zimt

Alle Zutaten entsaften und am gleichen Tag trinken.

Energieschub

1 Zitrone, geschält und weiße Haut entfernt
3 grüne Äpfel (z. B. Granny Smith) geschält und entkernt
1 Stück Ingwer (2,5 cm), geschält
1 Salatgurke
1 TL Spirulina

Alle Zutaten entsaften und am gleichen Tag trinken.

Cashew-Milch

Wenn Sie nach dem Essen etwas Süßes mögen, trinken Sie diese Milch als Dessert.

100 g Cashewkerne
1 Vanilleschote
1 TL Honig
1 Msp. Salz

Die Cashewkerne mit Wasser bedecken und 4 Stunden einweichen.

Das Einweichwasser abgießen. Die Cashewkerne in einem Sieb unter fließendem Wasser abspülen.

Die Vanilleschote längs aufschlitzen und das Mark mit einem Messerrücken herausschaben. Eingeweichte Cashewkerne, 300 ml Wasser, Vanillemark, Honig und Salz im Standmixer 3–4 Minuten pürieren.

Die Milch kann in einem Behälter im Kühlschrank eine Woche aufbewahrt werden.

Stark-und-schlank-Smoothie

Ideal, um vor oder nach dem Sport die Muskeln zu versorgen. Er enthält natürliche Proteine aus Erdnussmus und Rohprotein-Pulver, ist schnell und einfach zuzubereiten und sättigt für Stunden.

1 gefrorene Banane (am Vorabend geschält und eingefroren)
250 ml Nuss-, Reis-, Kokosmilch oder Kokoswasser
1 EL Rohprotein-Pulver
1 EL Erdnussmus oder anderes Nussmus
Mark von ½ Vanilleschote oder 1 TL Vanillepulver

Mixen und am besten sofort genießen.

Vor dem Sport

Cashew-Milch

Energie-
schub

Buchhaus Wittwer
Königstraße 30
70173 Stuttgart
www.wittwer.de
Bestellhotline 01801-250725

Shaw, Madeleine Natürlich essen - natürl
9783831030118   19.95 1
Summe   19.95
Bar   20.00
Rückgeld EUR   0.05

MwSt-Bruttoumsatz   19.95
7.00% MwSt 1   1.31
Nettobetrag   18.64

Umtausch nur mit Bon   Kasse 7

        Ust.IdNr. DE812616970
    Vielen Dank für Ihren Einkauf
      Umtausch nur mit Kassenbon
       gegen Ware oder Gutschein
     innerhalb von 14 Tagen möglich
Kasse/Bon   Datum/Zeit   Kassierer
7 / 4935   21.05.16 15:05   7

Nachmittags-Kick

Reinigung

Diese nährstoffreichen Drinks unterstützen den Körper bei der Ausscheidung von Giftstoffen. Die Zutaten sind jeweils für eine Person berechnet.

Detox-Klassiker

1 Handvoll Petersilie
3 mittelgroße Möhren
1 kleine Rote Bete mit
 Blättern
200 g Rucola
2 Selleriestangen

Alle Zutaten entsaften und am gleichen Tag trinken.

Fat Burner

¼ Wassermelone, geschält und entkernt
2 Limetten, geschält und weiße Haut entfernt

Beide Zutaten entsaften und am gleichen Tag trinken.

Kokosmilch

100 g Kokosraspel
150 ml Wasser, abgekocht und im Kühlschrank abgekühlt
1 Prise Salz

Alle Zutaten im Standmixer mit 150 ml kaltem Wasser 4 Minuten pürieren, dann durch ein Stück Käseleinen oder einen Nussmilchbeutel gießen. Gut ausdrücken.

Die Milch kann in einem Behälter im Kühlschrank 1 Woche aufbewahrt werden.

Haut

Die folgenden Getränke enthalten viele Stoffe, die Ihre Haut gesund und schön erhalten. Die Zutaten sind jeweils für eine Person berechnet.

Vitaminkick

1 Handvoll Grünkohl (Kale)
2 Möhren
1 Apfel, geschält und entkernt
1 Birne, geschält und entkernt
1 Zitrone, geschält und weiße Haut entfernt

Alle Zutaten entsaften und am gleichen Tag trinken.

Hautpfleger

7 Selleriestangen
1 Apfel, geschält und entkernt
½ Salatgurke
1 Handvoll Petersilie
1 Handvoll Blattspinat
1 Zitrone, geschält und weiße Haut entfernt
1 Limette, geschält und weiße Haut entfernt

Alle Zutaten entsaften und am gleichen Tag trinken.

Mandelmilch

Mandelmilch aus dem Handel enthält oft chemische Zusatzstoffe und Zucker. Machen Sie sie doch selbst, das ist ganz einfach: einweichen, mixen, genießen.

100 g Mandeln
1 TL Zimt
1 Prise Salz

Die Mandeln mit Wasser bedecken und 6–12 Stunden einweichen.

Das Einweichwasser abgießen und die Mandeln in einem Sieb unter fließendem Wasser abspülen. Eingeweichte Mandeln, 300 ml Wasser, Zimt und Salz im Standmixer 4 Minuten pürieren, dann durch ein Stück Käseleinen oder einen Nussmilchbeutel gießen. Gut ausdrücken.

Die Milch kann in einem Behälter im Kühlschrank 1 Woche aufbewahrt werden.

Schönmacher

3 Selleriestangen
2 Handvoll Spinat
2 Birnen, geschält und entkernt
1 Salatgurke
1 Zitrone, geschält und weiße Haut entfernt
1 Handvoll Petersilie

Alle Zutaten entsaften und am gleichen Tag trinken.

Schönmacher

Mandelmilch

Hautpfleger

Vitaminkick

Anti-Stress

Die folgenden Drinks helfen Ihnen, sich zu entspannen, damit sich der Körper regenerieren kann. Alle Zutaten sind für eine Person berechnet.

Mandelmilch mit Datteln und Kardamom

Trinken Sie die köstliche warme Milch mit indischem Aroma am besten vor dem Schlafengehen. Zimt gibt ihr eine milde Süße und beugt Heißhunger vor, weil er den Blutzuckerspiegel reguliert.

300 ml Mandelmilch
1 ganze Kardamomkapsel
5 Medjool-Datteln, entsteint
1 Zimtstange

Die Milch mit Kardamom und Datteln 2 Minuten mixen, dann durch ein feines Sieb gießen. In einem Topf mit der Zimtstange 5 Minuten bei schwacher Hitze köcheln lassen. Zimtstange entfernen, in einen Becher gießen und genießen.

Schlaftrunk

1 grüner Apfel, geschält und entkernt
7 Erdbeeren, geputzt
15 Kirschen, entsteint
2 Selleriestangen
½ Salatgurke

Alle Zutaten entsaften und am gleichen Tag trinken.

Katerkiller

3 mittelgroße Tomaten
1 Selleriestange
1 Zitrone, geschält und weiße Haut entfernt
1 Stück Ingwer (2,5 cm), geschält
1 Jalapeño-Chilischote, entkernt
½ Salatgurke

Alle Zutaten entsaften und am gleichen Tag trinken.

Heiße Schokolade

Ideal, um es sich mit dicken Wollsocken und einer
kuscheligen Decke gemütlich zu machen!

250 ml Mandel- oder Kokosmilch
1 EL Rohkakaopulver
1 TL Zimt
1 TL Kokoszucker

Milch, Kakao, Zimt und Kokoszucker in einem Topf bei schwacher
bis mittlerer Hitze erwärmen. In einen Becher geben und genießen.

Katerkiller

Schlaf trunk

Heiße Schokolade

Mandelmilch mit Datteln
und Kardamom

Register

Dank

Vielen Dank an meinen großartigen Freund Kieran, der mich jeden Tag zum Lächeln bringt. An meine Managerin Alice, die an mich geglaubt und mir geholfen hat, diesen Traum zu verwirklichen. An all die tollen Leute, die dazu beigetragen haben, dass dieses Buch so schön geworden ist. An meine Familie, die mir den Raum gab, meinen Träumen nachzujagen. Und an alle, die dieses Buch gekauft haben, und die meine Philosophie weiter verbreiten. Lasst uns das Abenteuer gemeinsam genießen.

Gestaltung und Satz Arielle Gamble
Fotografie Martin Poole, Ellis Parrinder
Foodstyling Bianca Nice
Styling Olivia Wardle

Foodfotos © Martin Poole, außer: Holly Clark: Seite 22 (unten links), 32 (oben links/ unten rechts), 50 (oben links/ unten rechts); Tommy Clarke: Seite 27 (oben rechts); Josh Kearns: Seite 12 (rechts), 37 (alle außer unten links), 63, 68 (oben rechts), 100 (unten links), 214 (unten links); Ellis Parrinder: Seite 4 (oben rechts), 10, 20, 30, 38, 48, 56, 114 (unten rechts), 154 (unten rechts), 186 (oben links), 253 (unten); Madeleine Shaw: Seite 50 (unten links).
Coverfotos: © Martin Poole, außer: Josh Kearns: Vorderseite oben Mitte

Für die deutsche Ausgabe:
Programmleitung Monika Schlitzer
Redaktionsleitung Caren Hummel
Projektbetreuung Sarah Weiß
Herstellungsleitung Dorothee Whittaker
Herstellungskoordination Katharina Dürmeier
Herstellung Christine Rühmer
Covergestaltung Christine Rühmer

Titel der englischen Originalausgabe:
Get the glow

© Orion, London, 2015
Alle Rechte vorbehalten
Text © Madeleine Shaw 2015

The moral right of the author has been asserted

© der deutschsprachigen Ausgabe by Dorling Kindersley Verlag GmbH, München, 2016
Ein Unternehmen der Penguin Random House Group
Alle deutschsprachigen Rechte vorbehalten

Jegliche – auch auszugsweise – Verwertung, Wiedergabe, Vervielfältigung oder Speicherung, ob elektronisch, mechanisch, durch Fotokopie oder Aufzeichnung, bedarf der vorherigen schriftlichen Genehmigung durch den Verlag.

Übersetzung Wiebke Krabbe
Lektorat Julia Bauer, Redaktionsbüro Küchenzeile

ISBN 978-3-8310-3011-8

Druck und Bindung L.E.G.O. S.p.A., Italien

Besuchen Sie uns im Internet
www.dorlingkindersley.de

Hinweis
Die Informationen und Ratschläge in diesem Buch sind von der Autorin und vom Verlag sorgfältig erwogen und geprüft, dennoch kann eine Garantie nicht übernommen werden. Eine Haftung der Autoren bzw. des Verlags und seiner Beauftragten für Personen-, Sach- und Vermögenschäden ist ausgeschlossen.